Regina e Maria
32316993
2009

DESENCANTO

DESENCANTO

Dario Sandri Júnior
pelo Espírito Fénelon

Aliança

1ª edição, 1ª reimpressão, junho/2009, do 6º ao 10º milheiro

Título

Desencanto

Autor

Dario Sandri Júnior (médium)

Fénelon (Espírito)

Revisão

Maria Aparecida Amaral

Editoração

Antônio Roberto de Carvalho

Capa

Antônio Carlos Ventura

Impressão

Léon Denis Gráfica e Editora

Ficha catalográfica

Sandri Júnior, Dario
S763d Desencanto / Dario Sandri Júnior
1ª edição – São Paulo: Editora Aliança 2009
288 págs.
ISBN 978-85-88483-39-2

1. Espiritismo 2. Romance I. Título

CDD - 130

EDITORA ALIANÇA

Rua Major Diogo, 511 - Bela Vista - São Paulo - SP
CEP 01324-001 - Tel.: (11) 2105.2600 - Fax: (11) 2105.2626
www.editoraalianca.org.br editora@editoraalianca.org.br

Sumário

TERCEIRA PARTE

Prólogo

Ao leitor amigo, nossas cordiais saudações.

Antes de começar este livro, caro leitor, há uma pergunta que você deve fazer a si mesmo com todas as forças de sua mente: a morte é o fim?

Se a sua resposta for sim, então você lerá este livro como uma obra de ficção. Estas páginas representarão um devaneio; um delírio imposto pela necessidade que temos de crer em algo e escapar da terrível conclusão de que tudo o que conhecemos, inclusive nós mesmos, é finito, fadado ao nada.

Respeitamos essa opinião, embora dela discordemos de forma radical. Uma pessoa minimamente honesta com sua alma notará que os indícios fornecidos pela natureza nos mostram a realidade de outras dimensões existenciais. Mas é inútil discutirmos idéias aqui. O tempo e as experiências íntimas se desdobrarão inevitavelmente e com eles, a verdade.

Por outro lado, se você não acredita que a morte é o fim ou se ao menos tem dúvidas, então terá a chance de compreender um pouco melhor a interpenetração das esferas dimensionais e conhecer um pouco mais sobre o trabalho dos nossos protetores, chamados, desde priscas eras de "anjos da guarda".

Este livro, composto em forma de romance, mostra-nos que a vida, em todos os seus níveis e nuances, está sempre a nos oferecer grandes e graves ensinamentos. Portanto, caro leitor, deixamos aqui esta narrativa, com a certeza de que esta história trará importantes lições àqueles Espíritos que, iniciando no caminho do aprendizado, desejam conhecer mais sobre a vida humana. Afinal, a compreensão da realidade nos torna impenetráveis às dores que agitam a existência dos homens. Se essa singela história servir de conforto ou instrução a apenas um dentre tantos; se fornecer a direção certa a uma única alma, acredito que o nosso trabalho já estará plenamente recompensado. Boa leitura.

Dario Sandri Jr.

PRIMEIRA PARTE

"Duvidamos quando queremos;
Acreditamos quando podemos"

Fénelon

Capítulo Primeiro

Planejando

Era noite numa cidade astral bem próxima da crosta. As estrelas fulgurantes, de uma beleza desconhecida na Terra, dançavam no céu em um ritmo cadenciado e lento.

Naquela colônia espiritual, um prédio se destacava pelo intenso movimento. Era um edifício belíssimo, de harmonia ímpar, semelhante a uma catedral românica. Todavia, distinguia-se de qualquer obra erigida pelos encarnados por sua cúpula central, que não era feita de materiais opacos. Centenas de placas de um vidro mais puro e transparente que o cristal deixavam entrever o insondável quadro do firmamento; obra maravilhosa pintada pelo Senhor do Universo.

Apesar de sua aparência, aquele lugar não se prestava a fins exclusivamente religiosos, como as igrejas da Terra. Na realidade, possuía múltiplas funções. Entre estas, a de verificar os conteúdos programáticos para Espíritos prestes a envergar novamente um manto de carne.

Nessa condição de aspirantes a uma outra prova física, estavam alojadas em um banco da nave central do edifício, duas das três entidades que, em silêncio, aguardavam a chegada de um instrutor de hierarquia mais avançada. Essas duas almas reencarnantes, uma masculina e outra feminina, demonstravam ser de uma evolução mediana, enquanto a terceira figura apresentava-se como um senhor de meia-idade, evidenciando sua condição de protetor ou guardião daquelas almas vacilantes no caminho da paz e da justiça.

A entidade feminina era bela, mas exibia o orgulho selvagem de criatura indomável. Transparecia em seu olhar uma certa rebeldia e parecia estar ali contrariada e de má vontade.

O outro Espírito era um jovem. Mantinha uma expressão de quem se perdeu em algum ponto entre o medo e cansaço. Vez por outra ele contemplava o espaço brilhante. Mas do céu só percebia aquela escuridão tão profunda quanto as dúvidas que lhe negrejavam a alma bondosa e desequilibrada. Ele era chamado ordinariamente de Pólux, embora tivesse tido na Terra várias outras identidades, em múltiplas existências de difícil aprendizado.

Pólux evitava olhar para sua companheira, Vênus, pois sentia nela a raiva penetrante de tempos imemoriais. O jovem Espírito parecia abatido ao extremo ao perceber que aquele ódio ainda não passara, apesar do sincero amor com que sempre procurara cativar o coração altivo e feroz de Vênus. Talvez por isso, Pólux concentrava sua atenção ora no céu estrelado, ora em Augustus, seu amigo e protetor.

Augustus, no entanto, permanecia alheio às divisões de personalidade que separavam os seus pupilos. Ele observava a multidão que circulava pelo ambiente, como se esperasse alguém.

De fato, após alguns segundos de expectativa, Augustus virou-se para seus acompanhantes, avisando-os:

— É Ângelus que chega!

Em um instante, diante dos jovens estacava um Espírito de alto quilate moral. De seu olhar emanava um brilho intenso, mas não ofuscante. A expressão calma exalava bondade e sabedoria.

— Aqui estão os vossos protegidos, Augustus?

— Sim! — respondeu o outro. — Decerto já os conheceis...

— Estudei o caso! Pólux e Vênus! Almas litigantes de séculos...

Os nomeados olharam para Ângelus, que esboçou um sorriso tranqüilo; nem condescendente, nem acusador. Não ousaram dizer coisa alguma. Dir-se-ia que estavam intimidados com a presença de tão importante mestre. Captando-lhes o medo, Ângelus prosseguiu:

— Deus, em Sua infinita misericórdia, vos concede agora mais um estágio na carne. Não ignorais, vós, que esse período tem por finalidade a anulação do ódio irrefletido que por séculos vos levou a uma pugna incessante e sem razão de ser. Uma nova oportunidade vos será concedida, a título de redenção de erros recíprocos, acumulados por anos de mórbida insensatez... Não nos cabe aqui qualquer julgamento de mérito ou de valor, mesmo porque, dentre vós outros, nenhum pode ostentar a pecha de vítima sem faltar com a verdade...

Os jovens, entendendo que a referência era para um novo programa de reencarne, tiveram atitudes díspares. Pólux manteve-se compenetrado, como se cada palavra de Ângelus representasse uma sentença terrível e inapelável. Vênus, porém, rebelou-se com a sina que lhe era imposta como uma obrigação e protestou com veemência:

— Por que semelhante trabalho? Não podemos simplesmente nos afastar? Eu nada quero desse homem... Sua ausência em minha vida parece a atitude mais indicada. É só isso que desejo... Nada mais... Não pretendo voltar com ele. Aliás, já estou resolvida! Não voltarei!

Sentindo-se sumamente humilhado, Pólux encolheu-se no banco. Lágrimas vieram-lhe aos olhos, quando se recordou da última oportunidade na qual tinham estado juntos, ele e Vênus...

Marido traído por esposa infiel, fizera-a expiar pela adaga seus pecados, arvorando-se no juiz supremo da vida e da morte. Antes, porém, matara o amante, destruindo-o no campo da honra. Não satisfeito, eliminara seus dois jovens filhos, na falsa presunção de que não tinham o seu sangue. Para arrematar o quadro de plena desgraça, suicidara-se, enforcando-se em uma das traves de seu lar conspurcado pela infâmia.

Quase trezentos anos tinham decorrido daqueles fatos, mas nem ele, nem Vênus, haviam esquecido completamente tais acontecimentos.

A lei de reparação havia permitido que ambos tivessem outras e dolorosas experiências na carne, isoladamente, com a finalidade de arrefecer o ódio que ainda campeava incólume; principalmente no coração de Vênus.

Em muitos momentos eles haviam fraquejado e contraído novas dívidas, mas no geral, estavam mais maduros; sobretudo Pólux, cujas vidas difíceis e miseráveis em muito o haviam ensinado. Agora, todavia, era a hora do reajuste. Era imprescindível que a raiva e o remorso dessem lugar para a estima e para a compreensão amorosa.

Conhecendo essa realidade, Ângelus refutou de pronto a idéia de Vênus:

— Isso já foi feito. Doravante trabalharemos para acabar com a animosidade que existe entre vós! Para o ódio morrer, devemos deixar nascer o amor. E o amor só nasce com o labor incessante e no justo tempo.

— Não podemos esperar? — interrompeu Pólux. — Ainda me sinto fraco e inseguro...

Ângelus voltou a sorrir. Inclinando-se, tocou nos ombros do jovem, exortando-o:

— Anima-te! Precisas dessa vitória para seguir adiante... Não será fácil, mas em breve estarás livre das peias que embaraçam o teu movimento de ascensão!

E depois, dirigindo-se a Vênus, completou:

— E tu deverás ser mais paciente com as coisas... Deves controlar a tua impetuosidade... Tudo te será dado, inclusive a liberdade de escolha. Escolhe bem, portanto! Convosco seguirão companheiros de jornadas outras, secundando o vosso projeto de reajuste recíproco. Mas no jogo da vida cada um terá o destino nas próprias mãos; para o melhor e para o pior... Eu e Augustus velaremos por vós! Tratai de aprontar-vos, pois é chegada a hora! Tu Pólux, irás primeiro... Vênus te seguirá alguns anos depois... A programação já foi terminada. Daqui por diante o trabalho compete a vós... Que Deus vos abençoe nessa nova jornada...

Atentos, os Espíritos reencarnantes a tudo ouviram, desta feita sem esboçar qualquer protesto. Tampouco se fitaram. Um muro invisível se erguia entre eles, separando-os pelo rancor. Desejando minar a divisão, Ângelus convidou-os à fraternidade:

— Vamos! Abraçai-vos como os irmãos que sois...

Pólux virou-se para Vênus, olhando-a incisivamente. Era a primeira vez que o fazia, após séculos. Esboçou um gesto de aproximação. Vênus, porém, retraiu-se, demonstrando que não desejava esse tipo de contato. Mas ao deparar-se com o olhar severo de Ângelus, permitiu o amplexo de seu desafeto.

"Ainda bem que na Terra a tudo esquecemos, pois de outra forma, essa tarefa me seria insuportável!" — pensou Vênus. Tanto bastou para que Ângelus rebatesse:

— Tu não ignoras que o esquecimento é parcial... Sentimentos e aptidões ainda continuam... Embora latentes, uma só circunstância basta para que aflorem ao consciente...

A moça quedou-se em silêncio introspectivo, fechando em um cofre os segredos de sua alma.

Ela mal notou quando um grupo de cinco Espíritos surgiu e apanhando Pólux pela mão, conduziu-o para o departamento de planejamento final, situado não muito distante do ponto em que estavam, mas em um outro edifício. Não quis notar também, quando Pólux lançou-lhe um derradeiro olhar, misto confuso de amor, ódio e mágoa.

Mas ela não pôde furtar-se a receber um outro grupo de almas, todas femininas, que vinha pegá-la para acertar os detalhes da sua próxima reencarnação.

Ficando a sós com o amigo, Augustus indagou:

— E então? O que tu achas? Eles conseguirão?

Ângelus esboçou um sorriso e com um acento tranqüilo, respondeu:

— Façamos votos que sim... O caso é grave e reclama solução há muito tempo! Todos esses séculos perdidos... Há milênios que eles se digladiam sem parar. É hora de se por termo a essa loucura! Contudo, como dantes, eles detêm o livre-arbítrio! Poderão prolongar o ódio o quanto quiserem! Bem como podem começar a construir uma relação de carinho e amor... A escolha é deles!

Augustus fitou o céu atapetado de estrelas. Em um instante compreendeu que o possível fora feito. Só Deus, que tudo sabe, poderia afiançar se aquele novo teste que começaria em breve haveria ou não de ser bem-sucedido...

Capítulo Segundo

Reingresso

Uma aldeia perto de Como[1]

Os cumes altaneiros dos Alpes brilhavam intensamente sob o reflexo do sol primaveril. O inverno havia sido rigoroso naquele começo de 1858, mas agora novas esperanças ressurgiam com a chegada da cálida e bela estação das flores.

As pessoas pareciam felizes ao contemplarem o brilho do astro rei naquela manhã de domingo, exceto o homem mais influente da região, o comendador Giácomo Gualfrani. Austero, de personalidade carismática, severo no olhar e no agir, Gualfrani trazia o semblante fechado pela preocupação e marcado pelos funestos golpes que recebera no curso de uma existência, que, ele sabia, já se aproximava do fim.

O comendador não era afetado por problemas financeiros; pelo contrário, amealhara o suficiente para garantir para si um futuro tranqüilo. Tampouco o atormentavam problemas de saúde; até então, jamais experimentara uma doença grave ou crônica. Sua família

[1] Cidade da Lombardia, Itália.

também estava bem; era assaltada apenas pelos problemas ordinários de uma vida pacata e sem grandes sobressaltos.

Apesar de todas essas dádivas, Giácomo alarmava-se sobremaneira com o que estava acontecendo no reino. Os comentários que circulavam, entre a população mais culta da vila, faziam crer que uma nova guerra se aproximava.

Cinqüenta anos de convulsões libertárias haviam insuflado na mente dos povos oprimidos da Europa agudos ideais revolucionários; tão agudos que colocavam em xeque a manutenção dos estados dinásticos transnacionais.

O império napoleônico desmoronara e, todavia, as sementes de suas idéias burguesas haviam germinado, lançando em plena agonia os ressequidos terrenos da velha aristocracia européia.

Movimentos socialistas vinham crescendo a cada dia, empurrados pelo desejo desenfreado de cobiça dos patrões sobre um proletariado paupérrimo e ignorante.

Embora não fosse o centro de uma revolução industrial que, por aquela época atingira o apogeu de suas mazelas, a Itália, dividida em pequenos reinos[2] de relativo grau de poder e independência, apresentava um elevado coeficiente de camponeses desapropriados; miseráveis sem direção e sem arrimo.

Esse problema social parecia afetar diretamente o comendador. Católico até os ossos, ele acreditava que de acordo com as leis de Cristo, ninguém que trabalhasse deveria ficar apartado do necessário. Essa sincera noção de humanidade não era gratuita,

[2] Grosso modo, a divisão da Itália apresentava-se da seguinte forma: No noroeste havia o reino Sardo-Piemontês, dominado pela casa de Savóia e que pretendia a unidade do país. No norte estava o reino Lombardo-Vêneto, dominado pela casa austríaca dos Habsburgos. No centro estavam os estados da Igreja, controlados diretamente pelo Vaticano. No sul, predominava o reino das Duas Sicílias, cuja família real pertencia ao ramo dos Bourbons. Excetuando-se o Piemonte, todos os outros reinos e ducados se opunham, de uma maneira ou outra, ao processo de unificação.

pois ele próprio saíra das classes menos favorecidas. A estória de Gualfrani era, no entanto, uma estória de superação.

Muito jovem ainda perdera o pai. Como o primogênito de cinco irmãos, teve de labutar com afinco para atingir um posto razoável na administração pública do reino. Auxiliado por um tio, seguiu para Milão, onde estudou e fez carreira.

Apoiado por sua mentalidade pequeno-burguesa, cursou direito e tornou-se também um amante da História. Valorizava a cultura e a razão, mas não se tornara ateu, como era então a praxe absurda dos intelectuais da sua época. Gualfrani desprezava a crença materialista e para ele a idéia do acaso como fonte criadora era ridícula. Bem longe estava de ser um crédulo inocente ou fanático; mas não conseguia, de modo algum, se livrar da idéia de que Deus dera a vida como regalo aos homens.

No trato com as coisas, em sua juventude, Giácomo sempre buscara as raízes dos problemas e recusava-se a acatar uma opinião se dela discordasse. Isso lhe valera vários desafetos ao longo da vida, porque a um homem inteligente, de opiniões firmes, não faltarão nunca, adversários obstinados e ferozes.

Evidentemente, ao apoiar-se no mérito e na justiça, Giácomo logo se destacou no mar da mediocridade geral. Nada o demovia de seus intentos, porque acreditava na razão e na lógica cristã acima dos preconceitos e de todos os valores deturpados pelos vícios humanos.

Após cinco lustros de um trabalho incessante, conseguiu adquirir uma estabilidade e uma independência que o permitiram criar uma família, tal qual sempre sonhara.

Até por ser pragmático ao extremo, sempre colocando os assuntos do coração como pontos de relevância secundária, Giácomo Gualfrani passou a cortejar uma jovem de beleza apenas comum, mas filha de um homem de grandes posses. Seu nome era Laurinda e seu pai um velho médico que queria ver a filha encaminhada antes de morrer, o que de fato ocorreu, pois, pouco após o casamento, ele se reuniu a saudosa esposa no mundo dos mortos.

Giácomo não se arrependeu da escolha feita. Laurinda revelou-se ótima companheira. O gênio equilibrado do advogado logo fez com que o relacionamento entre ambos se tornasse o foco de tranqüilidade e paz que só o respeito mútuo faz nascer.

Os filhos chegaram breve, um após o outro. Antônio foi o primeiro, seguido por Césare, Giovanni e, finalmente, por Laura.

Naquela altura da vida, Giácomo sentia-se plenamente feliz, mas o destino aguardava-o sorrateiramente na esquina da emboscada, reservando-lhe surpresas tão inesperadas que nenhuma cautela humana seria capaz de prever e conjurar.

Pouco antes de Laura completar quatro anos, Laurinda contraiu cólera numa viagem e morreu. Dois anos depois, Césare, ainda criança, pereceu tragicamente afogado no lago de Como, durante uma brincadeira com os amigos.

De alegre que era, Giácomo tornou-se taciturno e sombrio. Ele não compreendia porque Deus o golpeara tão rudemente. Sua precária filosofia não conseguia fornecer as respostas que a razão exigia. Todavia, não se revoltou. Ao contrário. Apegou-se mais firmemente à religião como forma de conseguir superar os traumas, apesar de ter sentido que a felicidade esvaíra-se no turbilhão monstruoso que devorara seus entes queridos. Por isso passou a valorizar ainda mais aos outros filhos, notadamente Laura, a quem superprotegia, a ponto de descartar a hipótese de um segundo casamento, por simples medo de desagradá-la.

Talvez Laura não merecesse semelhante consideração afetuosa. Irrequieta e estouvada, agia por impulsos circunstanciais. Embora ordinariamente fria, quando contrariada retrucava de forma agressiva, numa atitude quase sempre desproporcional ao aborrecimento. Era o estereótipo de criança mimada; aquela que acha que o mundo existe tão somente para servir aos seus caprichos.

Giácomo era condescendente com tais atitudes, creditando os erros da filha ao trauma da orfandade e, sobretudo, a uma imaturidade adolescente. Todavia, procurava impor sua autoridade, exigindo de Laura um comportamento social imaculado e um aprimoramento intelectual pouco comum para os tempos. Nesses dois aspectos a jovem não ousava contrariar o severo pai. Mas quanto ao resto, ela o dominava completamente, apelando, quando necessário, para o escândalo ou para a chantagem emocional.

Naquele domingo primaveril, no entanto, o comendador concluíra que era chegado o momento da filha assumir as responsabilidades que lhe cabiam como mulher e como Gualfrani. Eles estavam retornando da missa em uma carruagem fechada e Giácomo pensava em como contar à Laura as determinações que se impunham como necessárias. Na realidade, Giácomo quedava-se extremamente deprimido com as últimas informações e acontecimentos. Sabia que não poderia protelar sua decisão por muito tempo. Tinha de comunicar a Laura o destino que lhe esperava.

De soslaio, o comendador olhou para a filha. Embeveceu-se, achando-a belíssima. De fato, Laura era muito mais bonita do que a mãe, ainda que mantivesse uma expressão irreverente, que lhe dava um ar infantil, anulando o virtual poder de sedução de mulher totalmente formada.

O cabelo dourado e os olhos azuis como o céu eram presentes de Laurinda. Do pai herdara os traços firmes e regulares, de uma harmonia clássica. Ela não tinha grande estatura, mas era delgada e de porte delicado.O sorriso era franco e fácil, os dentes alvos e miúdos alinhavam-se perfeitamente, dando-lhe uma graciosidade jovial que o tempo, naturalmente, custaria a matar.

Giácomo sabia que impor sua vontade era uma atitude arbitrária. Mas desde a morte de Césare procurava nortear o destino de seus filhos para protegê-los de um mundo cheio de armadilhas atrozes. De alguma maneira, ele transferia para si a culpa e a responsabilidade pela morte de Césare. Ele havia proibido ao filho de aproximar-se do lago, mas não foi obedecido. A fatalidade o traumatizou profundamente e temia ter de suportar uma nova desgraça. Assim, procurava sempre os caminhos mais seguros, aqueles que oferecessem menos riscos, ponderando que se a vida oferecia surpresas, era justo que se evitassem os atalhos perigosos.

Na realidade, a perda de Césare o abalara muito mais do que as pessoas suspeitavam. Após o enterro do menino, Giácomo nunca mais falara sobre ele; nem mesmo ao seu amigo e confidente, o padre Bórgia. Parecia, para todos, que Césare não tinha sequer nascido. Para os vizinhos, parentes e amigos, o comendador era um homem de ferro, cujo coração tinha sido forjado pelo próprio Hefesto[3].

Mas não era bem assim. Em muitas noites de inverno Giácomo sentava-se diante da lareira, com um livro na mão. Ele fingia ler, para que ninguém desse por conta da sua dor. Sua mente, porém, perdia-se em um labirinto de dúvidas e mágoas. Ele queria entender, ele queria justificar aquela fatalidade terrível... Mas não conseguia. Chegava a duvidar da justiça divina, porquanto desconhecia os mecanismos que regem as leis eternas. Como geralmente sucede com pais afligidos por semelhante dor, Giácomo acreditava que Deus não tinha sido justo com ele. Afinal, não fora a vida toda um homem que seguira o caminho reto? Não tinha buscado com denodo e firmeza a porta estreita? Por mais que pensasse, não conseguia encontrar a chave do enigma da punição que caíra sobre seus ombros. Assim, permanecia preso a uma saudade tão dilacerante que só a loucura ou a morte poderiam sanar.

No íntimo, ele sentia que sua tarefa na Terra estava pra terminar, como terminara a do amigo Faustino Balesteri, cuja missa em intenção da alma, o padre Bórgia acabara de oficiar.

Seus outros dois filhos, Antônio e Giovanni, já estavam encaminhados. Antônio terminara a faculdade de medicina e seguia os passos do avô materno. Pretendia casar-se em breve com uma jovem chamada Michaela. Giovanni tinha tendências para o jornalis-

[3] Deus grego do fogo, mestre dos metais.

mo, mas não descartara completamente a possibilidade de se tornar historiador, influenciado que fora pelo diletantismo paterno.

Laura era, portanto, o último foco de preocupação de Giácomo. Com dezessete anos, ela recebera apenas vagas orientações a respeito da vida. O enriquecimento intelectual da menina tinha tido muita primazia sobre a vida real, segundo os conceitos de Gualfrani. Agora era necessário contrabalançar as coisas. Giácomo a ornamentara com latim e francês, matemática e ciências, mas jamais se ocupara em conversar com ela sobre o que se esperava de uma mulher de sua posição. Em outras palavras, evitara falar no futuro, porque, naquela época, o único ofício que ela poderia exercer sem degradar-se seria o doméstico, como esposa e mãe. E ele preferia esperar, até porque já tinha um plano em mente. A morte inesperada de Faustino, no entanto, não só mudara tudo, como também lhe dera o que pensar. Giácomo, em sua fobia pelo imponderável, temia que a vindoura guerra, de alguma maneira, provocasse sua morte, deixando Laura aos cuidados dos irmãos. Poderia ele também partir tranqüilo, sem deixar ajeitada a vida da filha? Claro que não; era isso justamente o que pretendia evitar.

Ao pensar assim, seus olhos fixaram-se com mais vagar e firmeza na face alva de Laura. Ela estava entretida com os próprios pensamentos e não se preocupava com coisa alguma, exceto com as frivolidades que preenchiam sua alma desde sempre pueril. Mas ela notou que os olhos paternos permaneciam cravados em si e mais, que eles estavam úmidos, algo lacrimosos.

Estranhando aquele fato, tão anormal ou mesmo inédito, a jovem perguntou:

— Papa, o que foi? O senhor está chorando?

Em um instante, a alma de Giácomo girou de um ponto a outro e todos os seus temores desfilaram funebremente diante de sua alma agoniada: as convulsões políticas que agitavam a Itália, a provável guerra entre o Piemonte e a Áustria, a morte do amigo, o clima geral de incertezas, a perda dos familiares queridos e o perigo de deixar Laura só, a mercê da fortuna e dos cuidados dos irmãos, que jovens, eram inexperientes demais para cuidar adequadamente de seu maior tesouro.

Diante das indagações que se renovavam, Gualfrani, decidiu, irremediavelmente, que teria de agir, sem mais dúvidas ou protelações. Disfarçou como pôde as lágrimas teimosas e esclareceu com a doçura que só dedicava à filha:

— Não foi nada, meu amor!

Laura fechou a cortina do veículo, como se indicasse que queria prestar atenção no que estava ocorrendo e emendou, numa conclusão tão precipitada quanto equivocada:

— Foi a morte do senhor Balesteri que o deixou assim, papa? Eu sei que ele era um grande amigo, mas devemos pensar que este era o desejo de Deus! Não foi isso que o senhor me disse quando o Césare morreu?

Gualfrani esboçou um sorriso desconfortável, ao notar a inteligência da filha. Ela era arguta e relacionava fatos díspares com grande ligeireza de raciocínio. Como sempre, ele não discordou. Balançou a cabeça positivamente e encerrou-se no habitual mutismo. Giácomo mantinha a tradição de jamais falar sobre os mortos, não importando quem fosse o defunto; se um parente ou um desconhecido. Certamente ele tentava com isso sufocar medos interiores. Mas por outro lado, essa recusa em aceitar um fato natural arrasava-lhe o íntimo, sitiando um coração generoso com o terrível enigma do desconhecido.

Giácomo voltou sua face para a paisagem, calado como uma estátua. Ao ver que nada mais arrancaria do pai, Laura abriu a cortina e dando de ombros, como se tivesse acertado o ponto central do problema, imergiu novamente nos seus galantes sonhos de novela.

Vinte minutos depois, a pequena carruagem, conduzida por Leopoldo, o empregado de confiança absoluta de Gualfrani, estacionava no pátio da residência confortável do comendador.

Giácomo percebeu que seu filho mais velho, Antônio, esperava-o no intuito de falar-lhe, pois não era comum o jovem médico levantar tão cedo aos domingos. A face de Antônio registrava um certo nervosismo. Com ele estava o irmão, o folgazão que sempre procurava gazetear as missas, em especial as de sétimo dia, que segundo ele, tinham um ar de tristeza incompatível com sua alegria de viver. A presença de Giovanni ali, anunciando uma reunião inesperada, não pressagiava nada de bom.

Descendo do veículo, Giácomo Gualfrani aproximou-se dos filhos, que o abraçaram, tomando-lhe a benção respeitosamente. O patriarca nada disse, apenas olhou para Antônio, que esclareceu, boina entre as mãos, humilde como se fosse um lacaio:

— Tivemos notícias de Turim, pai... Más notícias... A guerra é iminente! Napoleão[4] vai assumir os interesses do Piemonte! O confronto é uma questão de dias...

Giácomo analisou aquela informação. Digeriu-a em um segundo e não achando realmente nenhuma novidade no caso, respondeu:

— Melhor assim! Quem sabe se com isso, a Itália não consegue se livrar dos tedescos[5] de uma vez por todas!

Gualfrani ia se retirar, chegando mesmo a dar dois passos em direção a sua casa. Mas parou, como se lembrasse de algo importante. Voltando-se para os filhos, advertiu-os:

— Escutai atentos, vós outros! Não quero o envolvimento de nossa família com esses confrontos políticos... Não tenho nada con-

[4] Luís Napoleão ou Napoleão III (1808-1873), sobrinho e herdeiro político de Napoleão Bonaparte.

[5] Nome pejorativo dado pelos italianos aos austríacos. Significava algo como "irritantes".

tra o imperador e nada nos garante que a guerra nos será favorável dessa vez! Fiquemos neutros e ajamos com cautela! Se Napoleão quiser ajudar Cavour[6], o problema é dele! A nós somente cabe esperar os acontecimentos!

— Mas pai... — ponderou Antônio — Muitos de nossos compatriotas estão sendo perseguidos, em Milão e por todo o Vêneto. Vários estão fugindo da polícia e buscam a proteção de patriotas! O que devemos fazer? Entregá-los?

— Não devemos fazer nada! — replicou Giácomo, algo irritado com o sentimento nacionalista do filho. Depois de suspirar fundo, como se buscasse paciência nos pulmões, aduziu:

— O que tu achas que aconteceria Antônio, se um desses carbonários[7] fosse encontrado em nossa propriedade? Se a tua intenção é proteger gente dessa laia, não contes com o meu apoio! Vós outros sois jovens demais para mensurar os reais danos de uma guerra!

Antônio tentou oferecer um derradeiro argumento, mas Giácomo Gualfrani, levantando a mão para o ar, sentenciou:

— Esta conversa está terminada!

E dito isso, entrou sem dizer qualquer palavra, pensando que o assunto estava resolvido. Antônio não ousou contestar o pai. Apenas mirou Giovanni, que negaceou com a cabeça, como se compreendesse que aquela atitude paterna implicava em tomar uma rota alternativa. Giovanni esperou que o pai se afastasse o suficiente para não ser ouvido:

— Fica tranqüilo, Antônio! Conversarei com o padre Bórgia e ele decerto nos valerá com seu concurso...

---

[6] Conde Camilo Cavour (1810-1861) Primeiro Ministro do Piemonte, projetou o processo de unidade italiana.

[7] Sociedade secreta derivada da maçonaria. Muitos dos seus integrantes defendiam o ideal de uma Itália unida e liberal; posteriormente o termo passou a se referir a qualquer movimento revolucionário.

Laura, que assistira a tudo, acercou-se dos irmãos e inquiriu:

— O que vós tramais?

Giovanni avançou para a irmã e passando a mão sobre a auréola dourada repetidas vezes, despenteou seu cabelo, provocando-a fraternalmente:

— Nada, pequena bruxa! E vê se não comentas com o papai o que ouviste! Não é hora de o preocuparmos além do necessário!

E Giovanni afastou-se, puxando o irmão, disposto a expor o seu plano sem a assistência indiscreta de Laura.

Capítulo Terceiro

O Forasteiro

Naquele mesmo dia, horas mais tarde, Giácomo Gualfrani foi surpreendido com a inesperada visita de seu velho amigo, o padre Pietro Bórgia. Sacerdote de quase sessenta anos, Bórgia era um daqueles Espíritos que, empunhando a espada do Senhor, procuram levar a efeito as idéias cristãs de justiça social e caridade. Nesse aspecto, o padre e o comendador pensavam de modo muito semelhante e até por isso tinham, ao curso de muitos anos, construído uma sólida e sincera amizade.

Mas Bórgia, que era um homem deveras culto, defendia certos valores jacobinos e nacionalistas. Com isso havia angariado, em tempos idos, graves problemas com a cúria de Roma, desejosa de manter sua independência em relação a um estado italiano laico.

Isolado em uma paróquia distante, nas montanhas, o padre viu os anos passarem e acreditando-se agora mais próximo das verdades eternas do que das realidades terrenas, sossegara um pouco seu Espírito rebelde e intranqüilo.

Há mais de três décadas ele era vigário daquela igrejinha e mesmo assim pouquíssimas pessoas conheciam suas convicções pessoais. Entre essas, estava Giácomo Gualfrani.

Apesar dessa intimidade, Giácomo estranhou quando viu o padre na soleira da sala junto a Antônio. Certamente aquela não era uma visita normal.

Abaixando o livro que tinha em mãos, colocando-o sobre um descanso lateral, o comendador fitou os dois homens e cerrando as sobrancelhas, indagou:

— Pietro?

O padre avançou, apertando a mão do amigo, calorosamente. Gualfrani convidou-o a sentar-se. Percebendo que aquela não era uma visita de cortesia pelo aspecto sério do padre, o comendador, objetivo como de hábito, procurou saber o que se passava:

— Pietro, o que houve? Tu nunca vens sem avisar...

E antes que Pietro pudesse responder, Gualfrani virou-se para o filho e perguntou:

— Onde está Giovanni?

— Lá fora! — esclareceu o médico enquanto o padre ajeitava-se nas almofadas, pronto para começar.

— Giácomo, meu amigo! — disse Bórgia. — Tu sabes o que está acontecendo com o nosso país atualmente! A guerra é uma questão de tempo...

Gualfrani aproveitou a pausa e fez um gesto de concordância. O padre tornou a se ajeitar na poltrona; parecia incomodado, como se estivesse sentado em pregos. Pronunciou as próximas palavras vagarosamente, demonstrando calma e cautela.

— Tu sabes igualmente, que tumultos estão explodindo em Milão. Almas mais exaltadas estão exigindo a imediata constituição de um estado italiano, sob a soberania da casa de Savóia!

A conversa imediatamente desagradou o comendador. Ele olhou para o filho, cenho carregado, ciente de que a presença do padre ali era para forçá-lo a aceitar alguma coisa que ele não desejaria. Impulsivo, reagiu sem pensar muito:

— Essa guerra de que falas, Pietro, se chegar a acontecer, será um desastre... Não estamos preparados ainda, como não estávamos em Novara![8] Será necessário muito sofrimento para que os italianos livrem de estrangeiros a nossa terra! Um canalha como o Cavour jamais conseguirá isso sozinho! Ainda que a França nos ajude, tenho lá minhas dúvidas se conseguiríamos vencer a Áustria. E o que Luís Napoleão ganhará com isso? Decerto lutará por algum espólio... Estamos entre o leão e a águia, Pietro! Por isso, quanto a mim, considero uma inutilidade qualquer tentativa prematura de se expulsar os Habsburgos ou os Bourbons da Itália. É uma atitude suicida, que decerto fracassará e só trará mais dor e sofrimento para o nosso povo! Temos de esperar o momento ideal e com certeza o momento não é agora!

Pietro Bórgia buscou os olhos de Antônio, compreendendo que a determinação de neutralidade de Giácomo seria uma fortaleza difícil de transpor. Sentindo que o amigo ainda não terminara sua explanação, o padre permaneceu em silêncio.

— Além do mais, creio que Maximiliano[9] é um bom homem! Ele valoriza a justiça e o progresso! Pode ser bom para nós! E a bem da verdade, Pietro, devo te confessar que para mim, tanto faz se o nome do rei é Vítor Emanuel ou Franz Josef.[10] Eu só quero cuidar dos meus filhos seguindo o ideal cristão de amor ao próximo! Se o próximo é um lombardo, um piemontês, um vêneto ou até mesmo um austríaco,

---

[8] Batalha da Primeira Guerra de Unificação Italiana, entre Áustria e Piemonte, travada em março de 1849.

[9] Irmão do imperador da Áustria; era o chefe nominal (vice-rei) do reino Lombardo-Vêneto.

[10] Rei do Piemonte e imperador da Áustria, respectivamente.

isso pouco me importa... É verdade que nunca nutri muita afeição pelos tedescos, mas não vou me envolver em um conflito político! Sempre procurei agir em prol de nossa gente, mas o meu pensamento é mais social do que político! Se tu vieste até aqui para conseguir apoio, então perdeste tempo! E se os meus filhos estão envolvidos em qualquer atividade clandestina, o estão sem o meu aval!

Nesse instante o olhar penetrante de Giácomo incidiu pesadamente sobre Antônio. Educado para ter um respeito automático, o jovem médico não ousou discordar. Permaneceu calado, sem levantar qualquer objeção.

Apesar da dura exposição e do ataque que sofrera a causa do ressurgimento,[11] Pietro Bórgia manteve a expressão tranqüila. Esse era o sentimento que procurava transmitir. Mas por dentro um vulcão agitava-se em seu peito e ele desejava replicar que aquela cômoda omissão era na verdade um ato de covardia. Respirando fundo, o padre agitou-se mais uma vez na poltrona, demonstrando não ter encontrado uma posição adequada de conforto.

— Compreendo as tuas idéias, Giácomo! — respondeu o padre. — Mas a verdade é que não vim aqui para pedir apoio político!

— Não? — disse o comendador, algo envergonhado pela análise precipitada.

— Não! Na verdade, desejaria um obséquio teu para outra coisa...

— Atenderei conforme as minhas possibilidades!

Um silêncio mais longo do que seria de se esperar, denunciou para Gualfrani que a coisa era séria. Com um aceno de mão o comendador completou:

— Pietro, nós somos amigos de longa data! Nunca recusaria qualquer favor a um homem de bom senso como tu! Sei que só exiges o factível...

---

[11] Em italiano, risorgimento, movimento de unificação da Itália.

— Sim! — concordou o padre — Sabes que eu evito depender da vontade alheia para qualquer coisa... Portanto, se estou te pedindo isso, é porque julgo a tua ajuda imprescindível!

Gualfrani observou o amigo com contrariedade. Ele começou a retificar o seu juízo, achando que havia algo de muito grave acontecendo e que de alguma maneira, a política externa era o cerne do problema. Ele ouviu o padre tossir, como se a calma dele fosse sustentada por gestos estranhos. Em seguida, Pietro Bórgia prosseguiu:

— Um jovem, conhecido meu, chegou de Milão por esses dias e está necessitado de trabalho! Ele é jardineiro, e dos bons! Como Enrico morreu no inverno último, queria saber se poderias abrigá-lo aqui por alguns meses! Afinal, o tempo da poda e do trato com as plantas está próximo!

Giácomo não se deixaria ludibriar por uma explicação tão singela. Querendo saber mais, indagou:

— Só isso?

— Apenas isso, meu amigo!

— E quem é esse sujeito realmente?

— Chama-se Franco Pina.

— É jardineiro de profissão?

Pietro Bórgia olhou para Antônio. Como padre, ele se sentia obrigado a falar a verdade. Meneou a cabeça, algo aflito, como se estivesse contrariando alguma advertência do jovem médico. Conciso, esclareceu:

— Não! Ele foi estudante de jornalismo, antes de partir para a Criméia![12]

---

[12] Na Guerra da Criméia (1854-55) as forças da aliança, (Inglaterra, França e Turquia) receberam a adição de um corpo de exército piemontês, na luta contra o Império Russo. Foi uma negociata para que o Piemonte conseguisse posterior apoio francês na causa da unificação.

— Para a Criméia?

— Sim! Ele se incorporou ao exército do Piemonte...

— Entendo...Um radical exaltado...

— Mas ele é milanês de nascimento...

— E o que o forçou a vir para cá, tão distante do centro dos acontecimentos?

A desconfiança de Giácomo era patente. Ele sentia que por detrás daquele pedido aparentemente inocente havia algo mais. E esse algo certamente estava relacionado com aquilo que mais queria evitar: a política.

Reconhecendo que de nada iria adiantar esconder os fatos ou manipulá-los, Bórgia decidiu contar tudo o que sabia. Fez uma pausa ligeira e prosseguiu:

— Há alguns anos atrás, Franco, que era um rapazote na época, ajudou a cometer um atentado contra soldados do imperador, em Milão. Quatro austríacos foram assassinados. Ele não matou ninguém, mas deu cobertura e proteção para os verdadeiros autores!

— Eu lembro do caso! — cortou o comendador. — Foram exilados lombardos, não é?

— Os mandantes, sim! Mas os executores não eram exilados! O fato é que Pina foi denunciado e teve de fugir! Durante muito tempo ele esteve no Piemonte, se escondendo. Mas agora ele acha que já é chegado o momento de retornar ao torrão natal! Então regressou!

— Com identidade falsa, naturalmente!

— Naturalmente! Seus papéis estão trocados, mas Pina é seu nome real!

— Por que ele quer se estabelecer justo por aqui?

— Para ajudar a Itália quando a guerra começar...

— Em outras palavras: ele é um espião!

— Talvez devêssemos chamá-lo mais exatamente de patriota!

— Patriota? É um tolo, isso sim! É como Garibaldi[13] que acredita que com um punhado de homens vai fazer da Itália despedaçada uma nação! Não, não quero esse homem por perto! Isso está fora de cogitação!

Percebendo que o pai estava preste a fechar a conversa, Antônio interveio em socorro ao padre:

— Pai, se o senhor não quer ajudar nosso país por nenhum modo, então eu irei honrar o nome de nossa família! Tanto eu quanto Giovanni já discutimos sobre isso e estamos dispostos a nos alistar no exército de Cavour!

Giácomo ficou rubro de cólera e seu rosto ganhou uma expressão súbita de violência. Quase gritando, exprobrou:

— Como ousas? Quem tu és, Antônio, para dirigir a mim tais palavras, que soam mais como chantagem?

Antônio, que de ordinário era submisso ao pai no limite extremo do respeito, ergueu o queixo e num rompante de coragem disse:

— Jamais cometeria uma chantagem contra o senhor, meu pai! O senhor sabe o quanto o amo e que nunca o desobedeci! Mas eu amo também a minha Pátria e não posso mais viver vendo-a sob o tacão de potências estrangeiras, como se faltasse a nós, italianos, a devida maturidade para sermos diretores de nossas próprias vidas!

Giácomo, diante daquele protesto sincero de amor filial, arrefeceu um pouco em sua ira. Todavia, isso não era suficiente para que deixasse de debater:

— Amor à Pátria? Tu não sabes o que é isso! Não percebes, Antônio, que pessoas arrogantes e ambiciosas usam os Espíritos rebeldes para atingir os torpes objetivos que só são interessantes para

---

[13] Garibaldi, Giuseppe (1807-1882) revolucionário italiano, defensor ardente da unidade do país. Exilado, esteve no Brasil durante a Revolução Farroupilha (1835-45).

elas? Tolo é o homem que se deixa levar pela palavra de políticos e reis! Não viste quantos jovens morreram na Criméia e no Piemonte? De que lhes valeu a morte? É isso que tu queres ser? Bucha de canhão?

Antônio contemplava o pai, sério. Giácomo continuava vermelho, como se todo o seu sangue tivesse inundado o rosto. Sua fala tinha sido pontuada por singultos sutis, quase imperceptíveis, mas que indicavam o nervosismo que se acumulava naquele peito. Por um instante, o médico temeu que o pai estivesse à beira de uma síncope.

—Pai! — disse Antônio, abrandando a voz o máximo que podia para circunstâncias como aquelas. — Por mais que o senhor tenha razão, não posso tolerar o domínio estrangeiro! Se eu não puder ajudar a causa protegendo Franco Pina, então encontrarei outra maneira de ser útil ao meu país! E sei que Giovanni compartilha da minha opinião!

Desta feita o comendador se ergueu e aproximou-se de Antônio, como se fosse golpeá-lo com as mãos. Seus olhos estavam vítreos; percebia-se que ele estava a um passo da irracionalidade.

Tentando amainar a tormenta, o padre Bórgia foi de encontro ao amigo e segurando-o pelos braços, intercedeu:

— Pensa bem, Giácomo! É um preço justo que teus filhos pedem em troca da paz!

— Desgraçado! — gritou Gualfrani para Antônio. — Quem tu pensas que és? Mal saíste dos cueiros e já queres exigir atitudes do teu pai? O que conheces da vida? Nada! Não conheces nada, Antônio!

— Calma! — tornou o padre, abraçando o amigo, enquanto Antônio permanecia de braços cruzados, demonstrando firmeza de convicções.

Gualfrani continuou a esbravejar por alguns minutos, mas aos poucos foi serenando. Andou pela sala, agitado como um leão, acusando o filho mais velho de ingrato e cruel. Antônio conhecia bem demais o pai para retrucar. Ele sabia que depois dessas tempestades emocionais sempre chegava uma bonança racional.

O médico ouviu todas as reclamações paternas sem se abalar. Foi até uma estante e de lá retirou uma garrafa de vinho do Porto. Encheu um copo, entregando-o ao pai, que tomou tudo de um só gole. Depois de cinco minutos as acusações já tinham se transformado em lamúrias de incompreensão.

Por fim, os resmungos de Giácomo foram perdendo força e ele tornou a se sentar, lançando no ar uma sentença inútil:

— Onde já se viu isso?

Bórgia fitou o amigo, fingindo preocupação, mas de fato divertindo-se bastante com aquela explosão sentimental que ele pouco vira no curso de trinta anos. Por uns segundos Gualfrani ficou em silêncio, mas percebendo que corria um sério risco de perder os filhos e que não poderia segurá-los realmente, disse:

— Eu não acredito! Meu próprio filho!

Antônio nada respondeu. Cruzou os braços novamente e permaneceu quieto. Ele não queria estimular a raiva paterna. Com seu silêncio, indicava ao pai que estava decidido, caso seu pedido não fosse aceito.

Em um instante, Giácomo lembrou-se de Césare e do quanto sofrera ao perdê-lo. Não estava disposto a sentir aquele tormento uma outra vez. Assim, a última coisa que desejava era ver os filhos engajados em um exército de amadores, como provara ser o Piemontês em Custozza.[14] Ele percebeu que poderia causar um desastre por causa de uma questão de somenos importância. Considerou também que seus filhos já eram homens feitos, de bem, e que nunca haviam exigido disparates absurdos. Sempre tinham respeitado as suas decisões, compreendido a justiça de sua autoridade. Pesan-

---

[14] Batalha da Primeira Guerra de Unificação Italiana, entre Áustria e Piemonte, travada em julho de 1848.

do os prós e os contras, como normalmente fazia nas suas decisões mais comezinhas, concluiu que a concordância traria menos danos do que a intransigência. Giácomo tratou de respirar fundo; pulando da poltrona andou em direção à lareira e, não querendo demonstrar fraqueza, virou-se de costas para Antônio.

— Nunca cederia a uma coação, Antônio, por ser isso incompatível com os meus princípios. Mas o padre Bórgia é meu amigo e jamais recusaria uma gentileza a ele, que tanto me ajudou em momentos difíceis! Tenho uma dívida de gratidão contigo Pietro, e é por isso, só por isso, que vou aceitar! O rapaz pode ficar, desde que não faça em minha casa uma apologia à guerra ou a subversão da ordem!

O médico compreendeu que aquele teatro era a tentativa derradeira de Gualfrani manter intacto o simulacro de seu pátrio poder. Mostrando respeito, Antônio tentou se aproximar do pai para abraçá-lo e assim atenuar a impressão de desavença que ficara. Em o percebendo, Gualfrani, sem se virar, repeliu o filho, demonstrando que ainda estava furioso:

— Saia!

Sem dizer palavra, o médico recuou e humildemente retirou-se. Apesar disso, não estava aborrecido. Conhecia bem demais o coração generoso do pai para acreditar que aquela raiva duraria mais de dois ou três dias. Por isso, quando chegou ao pátio, trazia o semblante sereno. Ele quedava-se extremamente ansioso para contar a Giovanni a decisão paterna. Ao lado de Giovanni estava um jovem mancebo, de boa estatura e bela aparência. Era Franco Pina que esperava o resultado da entrevista de Pietro Bórgia, o que não foi necessário, porque Antônio antecipou:

— Tudo certo! O papai reclamou um pouco, mas concordou em ajudar Pina!

— Excelente! — exclamou Giovanni, apertando efusivamente a mão do forasteiro, que, olhar sagaz, procurava avaliar as novas condições nas quais sua vida mergulhara.

Enquanto isso, na sala, Bórgia e Gualfrani travavam um diálogo final sobre o assunto:

— Foi uma sábia decisão! — externou o padre Bórgia. — Digna de Salomão!

Giácomo voltou-se para o sacerdote amigo e deixando estampada na face a marca da preocupação, retrucou:

— Espero que tenha sido, Pietro! Espero mesmo! Mas não sei... Trago no peito, por esses dias, uma sensação estranha, meio sinistra! É algo semelhante ao que senti quando Laurinda morreu!

— Bobagem, amigo! Estás ainda impressionado com a morte inesperada do Balesteri...

— Talvez! Talvez... — disse Giácomo, sem concordar totalmente com o amigo, mas carente de argumentos para expor com racionalidade aquele sentimento que tomava de assalto seu espírito cansado já de ser golpeado pelos revezes da fortuna.

Se Giácomo pudesse ver que, oculta pela cortina da janela de seu quarto, Laura espiava o estranho que animadamente conversava com seus irmãos, ele teria certeza de que sua alma não o ludibriava. O instinto de preservação revelaria que realmente um novo perigo se aproximava. Esse perigo atendia pelo nome de Franco Pina e era o motor que acionaria os engenhos de um destino pesado e ameaçador.

Capítulo Quarto

Franco Pina

O forasteiro se apresentou ao comendador no dia seguinte, pela manhã. Giácomo observou-o atentamente. Pina era um jovem magro, moreno, dono de uma aparência tipicamente peninsular.

Como sempre fazia quando se encontrava com alguém pela primeira vez, o comendador procurou pelos olhos do rapaz. Era dessa maneira que ele devassava os sentimentos predominantes na alma de um homem.

Ao sentir o olhar penetrante pousado sobre si como a espada de Dâmocles,[15] Franco Pina abaixou a cabeça, tentando esconder alguma coisa que Giácomo não conseguiu apreender de pronto. Todavia, esse recuo foi o suficiente para que o pai de Laura perdesse a confiança no rapaz. O comendador sentiu que aquele gesto não era um ato de respeito ou tampouco de uma humildade real. Revelava

[15] Estória da Antiguidade Clássica. Dâmocles era cortesão do rei Dionísio, de Siracusa. O rei, para fazê-lo perceber a fragilidade do poder, colocou sobre ele, em um banquete, uma espada, presa apenas por uma crina de cavalo. O termo "espada de Dâmocles" refere-se, portanto, a uma ameaça constante.

antes, uma personalidade ambígua, filha bastarda do rancor ao mundo e da vulgaridade materialista.

Apesar dessa antipatia imediata, Giácomo não voltaria atrás com a palavra empenhada. Assim, ainda que tivesse de lutar contra a própria alma, ofereceu sua mão ao forasteiro, que a apertou, levemente.

Pina vestia-se como um proletário. Segurava entre os dedos uma boina barata e de má qualidade, já puída pelo tempo e pelo descaso. Ao notar-lhe a extrema pobreza, Giácomo tentou reavaliar as coisas, julgando que talvez a vergonha tivesse uma grande influência na atitude recatada do rapaz.

Depois de ponderar por instantes, o velho comendador refutou a timidez e parando diante do suplicante, disse, em tom severo:

— Então... Tu és Franco...

Pina balançou a cabeça, afirmativamente, sem expressar qualquer som. Giácomo caminhou pela sala. Segurou os bolsos do colete com os polegares, empertigou-se e iniciou sua duríssima arenga de advertência:

— Como sabes, atendo a um pedido de meu amigo, o padre Bórgia. Devo muito a ele e em te contratando julgo quitar vários favores que me foram prestados no passado! Não necessito realmente de um jardineiro amador, mesmo porque Enrico sempre foi leal servidor e não creio que um mero contrabandista de idéias possa igualar-se a ele. Acho que cada homem, para o bem ou para o mal, deveria manter-se fiel a sua profissão, mas como disse, outros interesses me forçam a aceitar-te em minha casa. Por alguma razão inexplicável, meus filhos parecem dar crédito às tuas estórias mirabolantes e sabe-se lá o porquê, confiam em ti. A pressão deles, mais do que o desejo do padre Bórgia, foi o suficiente para dobrar a minha opinião, que era contrária a ter um radical em minha casa. Isso posto, há algumas regras que quero deixar bem claras desde agora...

Primeiro: não farás nenhuma exposição política nas minhas terras ou na vila. Tuas convicções aqui não interessam a ninguém; nem a patrões, nem a empregados.

Segundo: não quero que te envolvas com os meus filhos e proíbo-te de teres com eles qualquer nível de entendimento. Aqui tu és um empregado de jardim. Teu gabarito intelectual é inútil para cuidar de flores e tua habilidade deverá ficar restrita apenas a isso! Não terás intimidades desnecessárias!

Terceiro: só entrarás nesta casa com a expressa autorização de minha parte ou com a autorização de um dos meus filhos. Tu compreendeste?

Giácomo Gualfrani não costumava ser rude a esse ponto e nunca tratara qualquer empregado com semelhante arrogância. Mas Franco despertara nele uma aguda repulsa, que crescia a cada palavra que proferia como admoestação. Pina ouviu a exposição sumamente humilhado e uma revolta orgulhosa vibrou em sua alma. Controlou-se como pôde e erguendo a face, deixou que o comendador visse seus olhos pela primeira vez:

— Sim senhor! — concordou ele, em um tom que mal disfarçava a raiva que protestava uma retribuição pelo insulto e pela forma abjeta com que fora tratado. Pina se sentiu um escravo, um nada, um mendigo da misericórdia alheia. E é claro, ele julgava a si próprio como um político dotado de muito mérito e valor. No delírio de sua vaidade, chegava a acreditar que era uma personalidade com um destino importante, alguém que teria grande relevância no futuro reino da Itália.

Na realidade, Franco se iludia com os antigos contatos, com a liderança que lhe coubera em tempos idos de algumas células políticas do grupo de Mazzini.[16] Ele considerou em um átimo, que depois de vitoriosa a revolução, assumiria um cargo destacado na

[16] Mazzini, Giuseppe (1805-1872), patriota italiano, defensor da unificação. Fundou o movimento da "Jovem Itália", que praticava atos terroristas.

Lombardia. E imaginou que quando isso ocorresse, faria Gualfrani engolir cada sílaba, cada letra da humilhação que lhe infligira.

Giácomo leu nos olhos de Franco aquele ódio esmagado. Arrependeu-se da própria altivez e quis recuar, abrandando os termos ou a voz. Contudo, grande era o seu orgulho e ele não estava muito acostumado a voltar atrás nem nas palavras, nem nas atitudes. Já o fizera no dia anterior, ao ceder a Antônio. Não o faria agora, demonstrando fraqueza diante de um desconhecido de quem não gostava, mas que deveria ao menos, tratar com a dignidade cristã de fraternidade. Resoluto, Giácomo concluiu:

— É só! Poderás começar amanhã! Leopoldo te indicará o alojamento e te informará a respeito do salário a que farás jus!

Pina não fez qualquer comentário a respeito das observações finais. Inclinando-se ligeiramente pediu permissão e falsamente agradecido, retirou-se.

Duas semanas silenciosas se passaram. Franco Pina não era um tolo e, para ganhar a confiança do comendador, desvelou-se no trabalho, revelando-se um jardineiro talentoso e, o mais importante, bastante discreto. Logo pela manhã, o jovem revolucionário se punha a trabalhar e só encerrava o expediente depois de uma longa jornada. Era verdade que ele sentia enorme prazer no serviço; nesses instantes de ocupação, Pina esquecia sua alma conflituosa e encontrava um pouco de paz genuína. Às vezes, o milanês sonhava em ter uma vida pacata, isenta dos sobressaltos políticos e das fúteis quimeras que o haviam arrastado para tão longe e cobrado tão alto tributo.

Mas quando ele começava ter delírios de paz, Giovanni aparecia para debater, trazendo consigo jornais de Turim e manifestos que exigiam a guerra imediata. Isso era o suficiente para que Pina readquirisse sua incontrolável tendência revolucionária.

Giovanni sabia da posição de neutralidade de seu pai tanto quanto Franco, mas ambos se deixavam levar pelo entusiasmo juvenil. Era como se a fagulha de um comentário incendiasse aqueles

Espíritos aventureiros. O ideal de uma Pátria unida era uma chama que ardia no coração inflamável daqueles jovens com uma força descomunal e imprevisível.

A ousadia e as provocações do Piemonte cresciam com uma vertigem que não podia ser tolerada pela Áustria e já se falava abertamente de uma intervenção francesa nos negócios da Itália. Giovanni não contrariava o pai, às claras, mas pretendia unir-se a Garibaldi, que por aquela época estava a arregimentar um corpo de tropas alpinas, para atacar os austríacos pela retaguarda. Franco achou a idéia temerária e dissuadiu o amigo, argumentando que ele certamente seria útil ali, onde o apoio aos Habsburgos era ainda muito forte e contava com simpatizantes de grande peso político. Nesse aspecto, Franco Pina estava completamente correto e os acontecimentos posteriores provariam o acerto de sua análise, pois mesmo um caudilho de prestígio como Gualfrani enfrentava sérios apuros.

Com o acirramento das tensões políticas, a presença de Franco Pina tornou-se irrelevante para Giácomo. O cerne das preocupações do comendador centrava-se em preservar sua família das disputas partidárias que se acentuavam. Maximiliano possuía entre a elite lombarda muitos aliados e estes tentavam pressionar Giácomo a tomar uma posição favorável ao irmão de Franz Josef. Esses grupos, em geral da elite católica, eram contrários ao crescimento da influência dos maçons, que viam em Napoleão um campeão da causa italiana. Giácomo Gualfrani não era maçom, até por ter fortes convicções religiosas. Pio IX, o Papa, combatia a maçonaria como se ela fosse uma heresia e condenava asperamente os católicos que aderiam a essa sociedade secreta. Acresce que Gualfrani recebera vários títulos honoríficos das mãos de autoridades italianas que agiam sob ordens diretas dos Habsburgos. Ele reconhecia também que Maximiliano era um homem justo, amigo das artes e da educação pública. Pesando tudo, o pai de Laura não era francamente hostil aos austríacos, embora nutrisse por eles escassa simpatia pessoal. Naqueles dias, o comendador tinha sido chamado para duas reuniões políticas, que tinham por propósito forçá-lo a declarar um apoio incondicional à causa católica, que coincidentemente, era também invocada como a causa dos Habsburgos e do Papa.

Sagaz como sempre, o comendador esquivou-se de assumir qualquer apoio comprometedor; manifestou com ênfase o desejo ardente pela paz e pelo entendimento. Todavia, retirou-se irritado pelas insinuações veladas de que agia com ingratidão para com a casa imperial, que atraiçoava o Papa e mais, que abrigava em seu próprio lar perigoso bandido. Giácomo entendeu que, de alguma forma, o segredo sobre Pina vazara e que ele decerto estava sendo vigiado pelos esbirros do imperador.

Gualfrani voltou dessas reuniões preocupadíssimo, porque imaginou que as idéias comprometedoras de seus filhos eram também de conhecimento público. Mas ele tinha de reconhecer que até então Pina cumprira a sua parte no trato e se comportara de forma apolítica. Aparentemente ocupava-se apenas com o jardim e mostrava-se respeitoso e comedido. Giácomo não iria cometer uma injustiça com o rapaz, despedindo-o só porque não gostava dele e porque outros assim o desejavam. Ele empenhara sua palavra ao padre Bórgia e isso para Gualfrani era mais importante do que todo o ouro do mundo. Não voltaria atrás, exceto se a situação ficasse perigosa demais e colocasse sob risco a existência de sua família. Por enquanto, Giácomo achava que a pressão ainda estava nos limites do tolerável e que poderia resistir honradamente até que aquela situação encontrasse um fim por si mesma.

Mas o comendador não sabia que o perigo já sitiava a sua residência. Pois a verdade é que Laura encantara-se com o novo jardineiro. Nos primeiros dias espionava o rapaz escondida, atrás das cortinas da janela. A seguir tomou atitude mais drástica e desceu até o jardim, fingindo buscar alguma distração. O próximo passo foi cumprimentá-lo com gestos leves e aparentemente inocentes. A partir daí começaram as conversas. De início eram triviais e ingênuas. O tempo, porém, tornou-as mais profundas e repletas de segundas intenções. Laura era audaz e com suas perquirições inconseqüentes, passou a sondar o passado de Pina sem muito tato, mas com grande afinco.

Nesta altura, a filha de Gualfrani se sentia muito entusiasmada. Esse sentimento vago crescia a cada momento e lentamente ia ficando fora de controle. Laura ouvira os comentários dos irmãos; sabia, portanto, que Pina não era um matuto qualquer, mas um jornalista exilado, que se disfarçava de jardineiro. Do ponto de vista de Laura, isso emprestava uma insuperável aura romântica ao milanês.

Franco Pina percebeu aquela aproximação. Tentou desesperadamente desviar a própria atenção e afastar-se. A última coisa que ele queria era meter-se em confusões por causa de Laura. Ele sabia que faltava pouco tempo para a sublevação começar. Portanto, tinha de ser discreto e não podia causar qualquer tipo de transtorno aos amigos que o acolhiam.

Acontece que Laura era bela demais para ser desprezada e ela tinha consciência dessa beleza. Usando um charme sutil, a moça envenenava a alma de Franco Pina. Cegado pela luxúria e pela sedução, o jovem revolucionário começou a ter delirantes pensamentos. Quando retomava a lucidez, ele compreendia que tinha de separar bem as coisas e ficar longe de Laura. Como qualquer homem dado à lascívia, Pina sofria convulsões mentais e refrear o ímpeto sexual era um terrível sacrifício. Entendendo que não poderia controlar seus impulsos e não querendo ser desleal, o carbonário passou a evitar Laura tanto quanto possível.

A filha de Gualfrani nunca tivera na timidez o ponto forte de sua personalidade. Pelos critérios da época, era uma mulher ousada e voluntariosa. E era a primeira vez que se apaixonava. Com tal sentimento explodindo dentro dela, o recuo de Pina pareceu uma ofensa inadmissível. Obviamente, ela não iria tolerar uma situação dessas. Deixando evidente que o escolhera, Laura se fez presente em todos os instantes. Pina passou a não ter mais sossego ou possibilidades de fuga, exceto se desertasse da causa patriótica e sumisse da região.

Mas ele nem pensava nisso. Sentindo que fizera o possível, Franco cedeu aos instintos e começou a jogar o jogo dos seus desejos. No final, eles retomaram os encontros matutinos, verificando-se entre os jovens singular nível de intimidade. Enquanto Franco tornava-se mais destemido, Laura investia fortemente nas insinuações.

Muitas vezes as palestras enchiam-se da fatuidade dos imaturos e então Franco ria das galhofas de Laura, crendo que ela era uma pessoa fútil e mimada, que só pensava em si. Esses defeitos a senhorita Gualfrani realmente os possuía e em alto grau; todavia, havia uma virtude que ela esbanjava: a inteligência.

Sabendo da rigidez paterna, ela só ia flertar com o jardineiro quando tinha certeza de que era seguro. Sua preceptora, Romana, fazia o triste papel de dama de companhia e acompanhava de perto os passeios, tornando-se, sem o querer, em cúmplice dos ardis de sua pequena patroa. É evidente que Romana estava a par do que se passava no coração da menina. Mas como julgava a si própria uma solteirona infeliz, a professora adotara Laura como filha de criação, a quem tudo era permitido. Durante mais de dez anos cuidara da educação de Laura, ensinando-a não só latim e francês, como também piano e bons costumes, com variado grau de sucesso, conforme podia avaliar na prática.

Laura dedicava à professora um sentimento ambíguo. Em certos dias, amava-a ternamente; em outros, mal a suportava. Na média, não chegava a desgostar de Romana. Da fragilidade emocional da professora, conseguia extrair uma condescendência que lhe era bastante benéfica. De qualquer maneira, Romana a acobertava perante o pai, o que naqueles tempos, correspondia amplamente aos interesses da jovem.

Alguns dias antes de Pina completar dois meses no serviço, as coisas começaram a ficar mais graves. Giácomo, Antônio e Giovanni tinham ido a cidade para saber mais sobre os últimos acontecimentos políticos que sacudiam a Itália. O arquiduque encontrava-se embaraçado com a hostilidade italiana e seus esforços orientavam-se no sentido de quebrar os planos de insurreição, minando o apoio que Cavour e Napoleão tinham no reino.

Avessa a tudo aquilo que não fosse assunto de interesse seu, Laura voltou para casa, com Leopoldo e Romana, logo após o fim da missa.

A pequena charrete serpenteou pela estradinha que ladeava o lago. Olhando para o céu azul, Laura sonhava. Não podia suspeitar que aquela região bucólica encontrava-se às vésperas de uma revolução. Ao contrário de Romana, que parecia ligeiramente preocupada, a filha de Laurinda desligava-se da realidade e não via a hora de chegar em casa para encontrar-se com Pina. Ela adivinhava que o jornalista era um descrente, que não se importava com padres ou com a justiça divina. Por isso ele não freqüentava as celebrações católicas ou quaisquer outras. Assim, era certo que ele estaria em casa.

E Laura, na exaltação de seus sentimentos, achava que era chegada a hora. Sem analisar muito se uma atitude precipitada causaria uma cega destruição, ela sentia a necessidade de buscar um entendimento com Franco e expor de forma conclusiva o gigantesco amor que lhe devorava a alma. Não pretendia confessar explicitamente seus sentimentos, mas insinuar-se de maneira a matar em Pina qualquer dúvida que ainda persistisse viva entre os densos receios de exilado sem proteção. Isso, para ela, era o mesmo que incentivá-lo a avançar. Na sua visão romanesca, julgava que na qualidade de homem, a Franco Pina cabia a corte e os primeiros passos. O seu papel era dar um pequeno empurrão no destino. Nem lhe passava pela cabeça a possibilidade de Franco rejeitá-la, tão grande era sua autoconfiança; filha cega da presunção e da vaidade.

Para Laura, convencer Giácomo Gualfrani seria um trabalho árduo e talvez cheio de obstáculos. Mas passível de sucesso. Ou seja, era um problema secundário. No fundo, ela acreditava que tudo daria certo, pois se até então o destino sempre se curvara aos seus caprichos, era lógico que ela pensasse que assim seria indefinidamente.

Quando a charrete parou logo adiante do estábulo, Romana amarrou o cavalo a uma ponteira e foi cuidar do almoço de domingo, sempre exuberante de comida e alegria, conforme gostava o comendador.

Vendo-se só e livre, Laura, com o traje elegante da missa, saiu para o jardim, em busca do homem que lhe embriagava o espírito. Encontrou-o podando uma roseira, de botões vivos.

Pina, ao ver Laura, sozinha, dirigindo-se a ele, estremeceu. Ainda que fosse um homem repleto de vícios bem conhecidos pela própria alma, o jovem queria, honestamente, evitar problemas, pois julgava que tinha objetivos mais prioritários do que se enamorar. Contudo, a formosura de Laura o transtornava. A simples idéia de tê-la em seus braços lançava-o num caudal de delírios arrasadores. Malicioso, Pina sabia que a resistência de Laura seria nula ou bastante débil, se executasse uma firme investida. Mas receava a resposta do comendador. Gualfrani não tinha por ele a menor simpatia. Duro e inflexível, jamais concordaria que sua filha se envolvesse com um carbonário.

Era nisso que ele pensava quando ouviu a voz melodiosa de Laura:

— Olá! — cumprimentou ela, brejeira, mãos cruzadas às costas, saltitando na ponta dos pés. Franco Pina tentou não sorrir, mas largando a tesoura de poda, esboçou um gesto de plena satisfação, retribuindo, gentil:

— Bom dia, senhorita! Vejo que já voltaste da missa... Mas não vi a carruagem do senhor Gualfrani e dos teus irmãos...

— Eles ficaram um pouco mais na cidade. Parece que vai haver outra daquelas chatíssimas reuniões políticas! Tu sabes...

Pina pareceu interessar-se:

— A senhorita ouviu alguma notícia?

— Hum! Nenhuma que valesse a pena! Sempre a mesma coisa! Esses debates são tão chatos quanto as missas...

— Quanto às missas? — respondeu Pina, dando uma leve risada.

— Sim! Eu só vou a elas porque o papai exige!

— Compreendo...

— E o senhor? Não gosta da pregação do padre Pietro? Porque nunca o vi na igreja!

— Gosto, gosto! É que não sou muito religioso. O padre Pietro é um grande amigo e eu o quero muito bem!

Uma pausa natural caiu. Franco Pina aproveitou para retomar a palavra:

— E a senhorita? Não é religiosa? Isso é pouco comum!

— Ser religiosa é freqüentar as missas?

Franco Pina abaixou-se e apanhou a tesoura, calmo. Em um segundo comentou:

— A senhorita nunca falou sobre religião em nossas conversas. Só sobre flores, Milão, Turim, estudos e o meu passado! Sinceramente, não tem o perfil de carola!

Desta feita, Laura sorriu. Ela parecia fascinada com a possibilidade de uma conversa mais prolongada do que de hábito e quis debater o assunto ao máximo:

— Para dizer a verdade, não o sou! Até que sou boa católica, mas acho isso tudo... — ia dizer "uma nulidade" mas na hora decidiu trocar —... Um aborrecimento!

— Um aborrecimento? — E Pina gargalhou, acrescentando mentalmente: "É o que diria uma revolucionária!" Laura pareceu ofendida com aquela expressão irônica e retorquiu:

— Não me digas que aprecias apenas as beatas!

Ele continuou a manifestar uma expressão divertida e completou:

— Pelo contrário! Prefiro as mulheres independentes e que pensam por si próprias! Não é que eu ache errado a pessoa se tornar uma devota, mas o mundo é mais belo do lado de fora de uma igreja!

— Nisso concordamos! Acho que a igreja só deveria existir para celebrar coisas alegres! A história de Jesus é terrivelmente triste e as homilias do padre Pietro parecem lamentações! Onde está a alegria? Só vejo um ambiente pesado, lúgubre! Credo! Por isso, acho que lá só deveríamos ter casamentos! No máximo, batizados!

— É verdade! Em geral o ambiente é soturno, quase tétrico! É uma pena até que ali sejam realizados casamentos! Algo alegre em um lugar que passa tanto sofrimento!

Laura deu um pulinho, como se discordasse ligeiramente:

— Isso não! Eu quero me casar numa igreja!

— A senhorita acha necessário?

— Acho! Como mulher eu tenho esse sonho! Só renunciaria a isso se fosse para realizar um grande amor!

O jardineiro nada respondeu. Apenas cortou uma rosa aberta e lento, foi aparando os espinhos. Laura observou o gesto, atentamente, em silêncio, algo perdida entre a curiosidade e a esperança.

— Para a senhorita! — ofertou o rapaz. — Desejo que quando a ventura beijar o seu rosto, a senhorita possa concretizar esse sonho e que ele seja belo como essa rosa!

Naquele instante, Franco Pina não pretendia ludibriar Laura. Ele estava apenas sendo cortês. Suas idéias ainda oscilavam muito para que ele tivesse a certeza de que poderia se arriscar até as últimas conseqüências por uma mulher.

Assim não o entendeu Laura. Ela fitou Pina incisivamente. Aspirando o suave perfume da rosa vermelha, deixou no ar uma frase enigmática:

— Acho que o meu sonho não está tão longe assim de se realizar, Franco!

E o carbonário, atarantado, viu quando a jovem, sorridente, retirou-se, dando a entender que o jogo estava apenas começando.

Capítulo Quinto

Os Balesteri

Giácomo Gualfrani terminou a reunião com a raia miúda da região assaz preocupado. A situação ficava mais tensa a cada dia. E a opinião do povo simples era contrária a sua. Gualfrani queria evitar a guerra a todo custo, mas os ânimos estavam exaltados demais para que uma única voz fosse capaz de acalmá-los.

Aos poucos, a neutralidade simpática que muitos tinham em relação aos Habsburgos ia se enfraquecendo, na mesma medida em que os partidários da unificação ganhavam força e exigiam o começo das hostilidades o quanto antes.

Abalado ao perceber que era uma voz dissonante na assembléia e que mesmo seus filhos não o apoiavam, o comendador retirou-se logo ao final da reunião. Antônio e Giovanni estavam a cavalo, de maneira que ele se sentiu bem à vontade para seguir um outro rumo com sua charrete.

O fim da estrada de Gualfrani era uma casa elegante, de dois andares, situada numa das encostas do lago. Aquela era a residência de seu finado amigo, Faustino Balesteri. Contrariando seus hábitos mais arraigados, o comendador teria de falar sobre alguém que morrera. Ele detestava isso, mas sua vontade, agora, era irrelevante. Tinha de agir e logo, porque, definitivamente, sentia que a guerra estava se aproximando a passos largos.

Descendo com dificuldade do veículo, pois o peso dos anos já se fazia sentir, Gualfrani observou atentamente a porta que tinha diante de si. Olhou-a por vários segundos, como se estivesse municiando a alma com a devida coragem.

Caminhando devagar, galgou os degraus e fez soar a campainha com pancadas duras e ritmadas. Um longo silêncio se fez ouvir. Gualfrani estava entusiasmado para abandonar a temerária empreitada. Faltava-lhe a certeza de que fazia o correto. Contudo, a realidade coercitiva dos fatos e a palavra empenhada obrigavam-no a avançar naquela direção. Ficaria feliz se não houvesse viva alma na casa de Faustino. Paradoxalmente, desejava mais tempo para ponderar.

Já tinha virado as costas quando um adolescente de uns catorze anos apareceu, chamando-o serenamente:

— Comendador?

Gualfrani voltou-se e com uma expressão amorfa esboçou uma saudação:

— Ah! Roberto! Pensei que não tivesse ninguém em casa!

O jovem estranhou aquela súbita aparição, mas julgou conveniente esclarecer:

— Étore está no atracadouro! Minha mãe ainda está deitada!

— Indisposta?

— Ela passa muito tempo deitada depois que papai morreu! O senhor quer que a chame?

O comendador meneou a cabeça.

— Não será necessário! Voltarei outra hora! Deixemos tua mãe descansar!

Nesse instante uma voz grave ecoou, vinda da parte de cima da casa. Era Nicole Balesteri quem falava, mas para Giácomo pareciam as trombetas do apocalipse:

— Roberto, quem está aí?

— É o senhor Gualfrani, mamãe! Ele queria falar com a senhora!

— Peça a ele que entre e me espere! Já vou descer!

Giácomo quis dizer que não era preciso. Ele tinha horror a incomodar, principalmente se tivesse pela pessoa uma estima precária. Esse era o caso de Nicole. Sempre achara a esposa do amigo uma mulher pedante, cheia de orgulho e, sobretudo, muito grossa. Por isso, mantinha uma certa distância dela. Raramente se encontravam ou se falavam. Faustino reclamava das atitudes da consorte no clube de cartas e as observações dele em geral primavam pela justiça. Giácomo comprovara as afirmações do amigo em diversas ocasiões. Pessoalmente Nicole jamais o ofendera ou desconsiderara; mas soubera por intermédio de terceiros, das rixas insensatas que ela levantara, inclusive na igreja, o que forçou Faustino a proibi-la de pisar no templo de Pietro Bórgia.

Giácomo jamais teria ido até ali, se uma promessa não o impelisse. Todavia, não podia recuar e agora lhe cabia cumprir o acordo, por mais que o repugnasse ter de se aproximar daquela mulher.

Assim, como se caminhasse para o patíbulo, Gualfrani retirou o chapéu e entrando, concordou em esperar. Acomodou-se num sofá indicado por Roberto. Quando o menino se retirou, ele ficou a ouvir o tic-tac monótono do grande relógio de parede, situado junto a uma das laterais de uma grande estante de livros. Cronos[17] parecia convidar o estranho a não perder tempo com outra coisa além da cultura.

Gualfrani ficou tentado. Levantou-se e foi ver os títulos que estavam à sua disposição. Era uma coleção heterogênea; havia li-

[17] Deus grego do tempo, pai de Zeus. Saturno entre os romanos.

vros sobre todo tipo de assunto. Ele sorriu. Faustino era assim; um devorador de informações. Como historiador, seus olhos logo se cravaram numa edição inglesa sobre o declínio de Roma e numa versão latina de Santo Agostinho. Tirou o livro em inglês da prateleira e começou a folheá-lo com cuidado e atenção. Quase se esqueceu de onde estava e o que ali fazia, quando a dona da casa apareceu. Nicole tinha o rosto magro e comprido, dentes desproporcionalmente abundantes e queixo saliente. O cabelo, negro como uma crina, completava, segundo o comendador, uma lamentável fisionomia eqüina. Gualfrani fechou o livro, colocando-o no seu lugar de origem.

Contemplando a viúva, aparentemente abatida, ele exclamou:

— Nicole!

Ela, trajando um luto pesado, que Gualfrani julgou despropositado para um ambiente doméstico, olhou o amigo de seu marido com estranheza e desconfiança. Nicole Balesteri não ignorava o assunto que seria colocado em pauta. Mas achava que a morte de Faustino tinha interrompido o curso do desastre. Agora via que não. Com uma expressão severa, Nicole balançou a cabeça e cumprimentou o comendador, convidando-o a se sentar.

Giácomo estava deveras constrangido e perturbado.

— Vejo que ainda não estás refeita do trágico acontecimento! Acho que deveríamos deixar esta conversa para mais tarde; outro dia talvez...

As palavras de Giácomo eram vacilantes, não firmes como de costume. Nicole, no entanto, não só estava segura de si, como desejava acabar com aquele assunto o mais rápido possível.

— Meu bom amigo! Não há mais nada que possa me aborrecer nesta Terra! Desde que Faustino se foi, estou indiferente às coisas do mundo!

— Mesmo assim, não sei se a hora é apropriada!

— Não te acanhes, comendador! A estima que tu dedicavas ao meu marido te garante certas liberdades em relação a minha família!

Gualfrani passou a mão pelo rosto, num gesto que era uma característica sua quando se encontrava em situações difíceis ou desagradáveis. Apertando com força o chapéu que segurava entre os dedos, acedeu:

— Está bem! Nicole, invocando a antiga amizade que sempre tive pelo teu marido, e que Deus o guarde, devo ser sincero e expor a razão que aqui me traz! A verdade é que nós tínhamos selado um compromisso! O que quero saber é se ele ainda está vigorando!

A viúva enrubesceu. Decidiu fingir que desconhecia o trato, sem saber que Faustino já tinha dito a Giácomo que reportara o fato a sua mulher e que ela fora contrária.

— Exatamente a que te referes, comendador?

— Não sabes? Estranho, porque Faustino disse-me que discutira o assunto contigo!

— Qual assunto, senhor Gualfrani? Há muitas coisas que conversava com meu marido! Se o senhor especificar melhor, poderemos nos entender!

O comendador suspirou fundo. Não sabia se Nicole ignorava os fatos de verdade ou se estava sendo deliberadamente desonesta. Mas ele sentiu que havia algo errado. Não precisava ser um profeta para prever que aquela seria uma conversa desgastante. Tanto ele quanto Faustino eram conservadores. O mundo, porém, mudara muito nos últimos anos. E Nicole poderia ser uma mulher liberal, o que se constituiria, a rigor, num sério empecilho às suas pretensões. De qualquer forma, decidiu colocar logo as cartas na mesa.

— Nicole, tu conheces a minha filha Laura, não?

— Conheço! Eu a vi várias vezes, quando ainda ia à missa!

A senhora Balesteri compreendeu, num átimo, que o comendador não seria detido por nada e deixou assim que a conversa seguisse seu rumo normal.

— Uma moça bonita, se não mudou nada nesses últimos três anos! — ela completou.

— Sim! Laura continua sendo uma bela moça! A senhora bem pode avaliar o quanto a amo! Dei a ela o melhor em termos de moral e de educação, conforme preconizam as doutrinas de nossa Santa Igreja. Ela é uma menina exemplar! Tem um temperamento forte e um intelecto vigoroso! Afora isso, pode-se dizer que é uma pessoa de valor e bastante virtuosa!

A viúva Balesteri não aproveitou a pausa para falar. Ela percebeu que o tom de Gualfrani tornara-se formal e que de alguma sorte ele estava dourando a pílula que ela teria de engolir. A verdade é que Nicole achava a senhorita Gualfrani, como toda a família, uma pernóstica. Nas poucas vezes que travara contato com a menina, tivera uma má impressão, debalde sua beleza física. Essa opinião negativa, ela dissimulou, porém.

Vendo que a mulher de seu finado amigo permanecia calada, Gualfrani prosseguiu:

— E a verdade é que o teu marido tinha Laura em conta de um excelente partido!

Desta feita, a viúva não se conteve e interrompeu:

— Para Étore?

Giácomo passou a mão pelo rosto outra vez. Desta feita, para enxugar o suor que lhe escorria pela testa.

— Sim, era desejo do teu marido que Étore desposasse Laura!

Nicole Balesteri ficou lívida. Seu primeiro impulso de reação foi o de repudiar tal proposta na hora. Mas não o fez, em consideração as regras sociais. Ela não podia desprezar a oferta de Gualfrani ríspida e diretamente sem incorrer em grave infâmia por desrespeitar a vontade de um morto. Mobilizando a astúcia de mulher experiente, Nicole calculou que o melhor era protelar a situação, ganhando o tempo necessário para encontrar uma saída mais honrosa e digna.

— O senhor tem idéia se Faustino expressou esse desejo por escrito? — indagou a viúva, após um segundo de hesitação, no qual demonstrara seu nervosismo ao morder os lábios.

O timbre duro de Nicole atingiu em cheio o seu interlocutor, advertindo-o que aquela mulher ainda continuava, por motivos ignorados, contra o casamento. Tentando sustentar a calma possível para um momento delicado como aquele, Giácomo reagiu:

— Não que eu saiba! Quanto a mim, fiava-me apenas nas palavras de Faustino! A honradez dele era mais do que suficiente para garantir qualquer compromisso!

A matrona empertigou-se, assumindo uma postura severamente rígida na cadeira. Em um relance, Gualfrani considerou que a expressão de Nicole se assemelhava a uma égua pronta para refugar.

— Entendo! — ela salientou. — Mas agora o senhor está tratando comigo! E por mais que eu deseje atender os pedidos de meu extinto marido, devo agir segundo os ditames de meu coração de mãe e segundo as regras de minha consciência!

O comendador ficou rubro. Sentindo-se humilhado, replicou:

— Isso é um não? Pois nesses assuntos devemos ser sinceros e tratar as coisas com a devida clareza! São anos de amizade que estão em jogo e eu compreenderei uma recusa, embora não possa atinar a razão!

Nicole percebeu que se excedera nas objeções e que a sutil menção a "anos de amizade" comportava uma ameaça implícita de rompimento de relações. Gualfrani tinha importância demais na região para que ela o pudesse hostilizar de forma direta. Assim raciocinando, a matrona distendeu a expressão, atenuando um pouco a dureza do semblante.

— Giácomo, ao contrário do meu marido, eu não sou muito favorável a casamentos arranjados! As pessoas fazem de algo sagrado, um mero objeto de escambo!

— Ora, por que pensas isso? — interrompeu Gualfrani, admirado. — É assim que muitos se casam, os reis inclusive! Precisamos cuidar dos nossos filhos se eles se mostram imaturos em relação a essas coisas do coração! A senhora sabe tanto quanto eu que o amor é fruto da convivência e do respeito mútuo! Essas novelas burlescas que hoje podem ser lidas nos jornais são apenas fantasias quase sempre fadadas ao fracasso, se colocadas em planos reais!

Nicole pareceu irritada com essa observação. Ela se ergueu, sem nada responder. Avançou até a cristaleira e tirou uma garrafa de licor, servindo uma taça. Ofereceu-a ao comendador, que recusou, alegando só tomar vinho. O comendador imaginava a resposta que estava sendo ruminada pelo cérebro eqüino de Nicole. Ele quase sorriu, com a comparação mental que fazia naquele instante. Não esperava, porém, que o coice fosse tão duro.

— O senhor amava sua esposa? — inquiriu ela, de chofre.

Gualfrani pareceu perplexo com a brusca mudança de assunto. Mesmo assim disse:

— Claro! Laurinda sempre foi e sempre será a mulher de minha vida!

— E ela? O amava também?

Gualfrani gelou. Ele acreditava que sim, mas, feita daquela maneira, a pergunta lançava-lhe uma dúvida profunda.

— Laurinda nunca reclamou...

— Reclamaria, se pudesse?

Gualfrani fitou a mulher. Já não achava mais que ela tinha uma expressão eqüina. Agora ela tinha uma postura de leoa, esboçando uma manobra de cerco. O comendador recuou, com certa agressividade, tentando se proteger:

— Aonde a senhora quer chegar?

— A lugar algum! De fato, a sua vida privada pouco me interessa, senhor comendador! Se foste feliz, foste um afortunado! Outros tantos não o são e tem de arrastar pela existência inteira os grilhões de um casamento falido! E eis que quando conseguem a liberdade, já é tarde demais! Não quero que isso aconteça a meu filho! — e ela suspirou, para em seguida acrescentar:

— E nem com a tua filha!

Giácomo ergueu-se, trêmulo. Definitivamente, não achava ser necessária aquela humilhação. Pois Laura, certamente, encontraria outros pretendentes mais qualificados do que Étore. Nesse instante, a imagem de Franco Pina desenhou-se em seu cérebro. Gualfrani rejeitou-o de imediato. Não, não... Não gostava daquele sujeito. O comendador procurou manter-se concentrado na situação em foco. Depois de um instante, replicou, rosto congesto de raiva:

— Queres consultar Étore? — perguntou ele, incisivo.

— Sim, é justo que ele decida; tão justo quanto Laura!

— Laura é muito jovem! Acatará minhas decisões!

A intenção de Gualfrani com essa resposta inflexível era mostrar para Nicole que, ao contrário dela, em sua casa ele mandava e era obedecido, sem contestações. A viúva expôs seus grandes dentes brancos, acentuados pela magreza extrema, e com aguda ironia, disse:

— Será? Bem, de qualquer forma, minha condição para que esse enlace se realize é que os dois estejam de acordo! Sem isso, não concordarei!

Giácomo Gualfrani ficou paralisado, sem saber exatamente o que dizer. A audácia daquela mulher era tão espantosa quanto a sua falta de diplomacia. Num reflexo instintivo, o comendador balbuciou:

— Mas... O Faustino... Ele...

— Ele está morto, senhor Gualfrani! Além do mais, penso que minha proposta é justa! Se nossos filhos concordarem, por livre escolha, não haverá nenhum problema!

Gualfrani recuperou a energia habitual. Erguendo o escudo de sua severidade, revidou secamente:

— Muito bem! Farei o que a senhora me pede! Domingo próximo retornarei para trazer e colher uma resposta definitiva!

— Ótimo! — exclamou Nicole, aumentando a sua dose de sarcasmo — Mas, por favor, senhor comendador, não chegue tão cedo! Desde que deixei de ir à missa, não tenho pressa para acordar aos domingos!

Giácomo nada disse. Lançou um olhar feroz e esboçando um adeus, retirou-se.

Nicole, ao se ver só, avançou até o quadro de seu marido, ainda jovem, pendurado na sala. Contemplou-o com certo desprezo e dirigindo-se àquelas tintas apagadas, exprobrou:

— Mesmo morto não cessas de me atormentar! Ainda terei outras surpresas?

Os olhos mortos de Faustino permaneceram fixos, admirando o infinito. A única resposta que Nicole teve foi o irritante tic-tac do relógio. Mas ela não poderia compreender o que o tempo significava, em seu código secreto. Na verdade, ele dizia que a hora imperceptível da mudança estava chegando; e chegando para todos.

Capítulo Sexto

Étore

Um jovem fitava o horizonte escarpado que circundava o lago. Na mão ele segurava um pequeno seixo. Parecia disposto a arremessá-lo na lâmina de água que tinha diante de si. Era como se aquela pedra tivesse de pagar por seu infortúnio. Tratava-se de um holocausto simulado, mas Étore Balesteri pensava que assim aliviaria a raiva contida que rugia em sua alma ferida. Ele olhou a pedra uma última vez e lançou-a com fúria. A pedra bateu duas vezes na capa enrugada do lago e com um gemido borbulhante, submergiu.

O filho de Faustino exteriorizou certa satisfação, como se estivesse se vingando da natureza com aquele gesto patético. Ao se agachar, com a nítida intenção de capturar outra vítima inanimada, notou que seu irmão se aproximava.

— Mamãe quer falar contigo! — disse Roberto, lacônico. Era nítido que os dois irmãos não se davam bem. Étore nada respondeu. Libertou o calhau que mal apanhara e, em passos lentos, voltou para casa.

Lá chegando, encontrou a mãe na sala. A viúva exigiu que Roberto saísse. Ela queria ter uma conversa séria com Étore e a presença de testemunhas era prescindível, mesmo porque o assunto em pauta era gravíssimo.

Intuitivamente Étore compreendeu que seus problemas se adensavam. Ele não sabia exatamente o quê, mas decerto algo ocorrera. A postura de sua mãe, mais severa do que o normal, indicava que uma nova tempestade de emoções o aguardava.

E Étore sentia que não suportaria outro ataque da realidade. A pressão sobre sua mente agigantava-se a cada dia e mais que tudo no mundo, ele almejava libertar-se daquela agonia continuada.

Disposto a se entregar ao mais extremo gesto, o rapaz sentou-se diante da mãe.

— O que foi? — ele indagou. O timbre de sua voz era seco e demonstrava a agressividade típica dos jovens rebeldes.

— Temos novidades!

Étore nada disse. Nenhuma curiosidade o acometeu. Apenas esperou que sua mãe prosseguisse.

— E foi o que eu mais temia! O senhor Gualfrani esteve aqui hoje! Ele veio cobrar o teu noivado com Laura!

O jovem engoliu em seco. Seu semblante denunciava que o golpe o acertara em cheio. A expressão de seu rosto mudou rapidamente e, fixando em Nicole Balesteri um olhar agora suplicante, indagou:

— E então, mãe? A senhora contou a verdade?

A viúva esboçou um sorriso infinito e sarcástico.

— Tu achas que eu sou louca? Em nenhuma hipótese falaria! Respondi simplesmente que iria pensar no assunto e que te consultaria! É claro que só fiz isso para ganharmos algum tempo e se possível, evitarmos explicações que, ambos sabemos, seriam profundamente desagradáveis!

— Mãe! — disse o rapaz, numa atitude de quem implora, cabeça baixa, dedos entrelaçados. — A senhora sabe que eu não me casarei com Laura! Não farei isso nunca!

Nicole Balesteri evitou rebater diretamente a observação, mas via-se que ela estava contrariada no mais alto grau.

— Por enquanto devemos torcer para que aquela cabeça-de-vento não consinta nesse casamento. Tomara que ela tenha o coração ocupado por alguém e também a necessária coragem para desafiar o pai. Somente assim conseguiríamos sair dessa situação com honra! Receio, porém, que essa seja uma esperança vã!

— E se Laura quiser? E se ela aceitar? O que nós faremos?

— Nesse caso, nós não teremos alternativas! Tu terás de sacrificar-te pelo bom nome de nossa família! Não quero que a memória do teu pai e a minha dignidade sejam jogadas na lama por um mero capricho!

— Capricho? A senhora sabe que eu nunca quis me casar! Eu quero ir para Turim, Milão, Florença, Paris ou qualquer outro lugar no qual possa estudar arte! Eu tenho talento! Não vou desperdiçá-lo para atender um contrato absurdo do papai! Ele já morreu!

— Cala-te! — explodiu Nicole, ríspida — Ou devo te lembrar que teu pai morreu por tua causa, tamanho foi o desgosto que causaste a ele? Queres enxovalhar o nome de nossa família, expô-lo à infâmia ou o que é pior, ao ridículo?

Nesse momento, Étore insurgiu-se. Erguendo-se, abandonou a postura humilde. Com o desespero brilhando em seus olhos, deixou um esgar desenhar-se em sua face:

— Não vou me casar, mãe! Pouco me importa a nossa reputação nesta cidade provinciana! Sou um homem livre agora!

Nicole imitou o filho e ficou em pé.

— Queres matar a mim, também, desgraçado? Já não foi suficiente o dano que causaste? Esse sofrimento, esse luto que impuseste a todos nós? E queres ainda mais? És um homem, dizes... Quem dera! Enquanto não ganhares um franco que seja por teu próprio trabalho, tu serás apenas um moleque arrogante! Além do mais, deverias saber que na vida raras vezes fazemos o que queremos. Ao contrário! Na maior parte do tempo, fazemos o que temos de fazer. Ou tu pensas que eu me casei com teu pai porque isso era prazenteiro ao meu coração? Não infeliz, eu casei porque esse foi o desejo do teu avô!

As acusações de Nicole Balesteri fizeram explodir a revolta acumulada de Étore. Enxugando os olhos úmidos, o rapaz gritou:

— Ninguém vai determinar o meu destino! Nem a senhora, nem o meu pai! Quanto mais agora, que ele está morto! É sobre a minha vida que estamos tratando, não sobre a sua, mãe! Não é sobre a sua!

E entre lágrimas, Étore saiu, sem esperar, batendo a porta atrás de si.

Nicole ficou atônita. Não esperava por aquela atitude tão decidida. Compreendeu que seria difícil dobrar a opinião de Étore. A viúva mal notava o genuíno desespero do filho. Como qualquer egoísta, ela não se preocupava com os sentimentos alheios. Ela temia apenas o julgamento social; a mancha que seria espalhada sobre o brasão de sua família. Se tivesse de sacrificar o Papa para ficar de bem com a opinião pública, ela o faria, sem pestanejar. Então, nesse sentido, atropelar Étore pouco significaria; seria mesmo algo desprezível e plenamente aceitável do ponto de vista de sua harmonia íntima.

Nicole Balesteri não compreendia que o rapaz atingira já o seu limite psicológico.

Isso porque ao sair de casa, Étore correu de volta ao atracadouro. A seguir, pegou um pequeno bote e remou até um ponto previamente conhecido, que ele sabia ter as águas profundas e geladas. Uma idéia funesta de morte varria-lhe a mente, de forma a anular-lhe o discernimento e as perspectivas de futuro. Sim, o suicídio parecia ser a única saída honrosa para seus problemas. Era a opção que lhe restava. Bastava ter coragem. Uma lágrima escorreu-lhe pela face. Ele a enxugou, recordando-se, sem saber exatamente o porquê, de sua avó, morta havia oito anos. Ela sempre o mimava, secando-lhe os olhos chorosos no avental branco, impecavelmente limpo. Lembrava-se de suas palavras bondosas, de seus carinhos maternais. Todavia, ela morrera e nada poderia consolá-lo agora. Somente uma coisa era certa na sua mente. Não desgraçaria a vida de Laura. Mal a conhecia, mas não estava disposto a destruí-la.

E Étore indagava-se: por que as coisas tinham de ser daquele jeito? Ele não sabia. Mas elas eram como eram, independentemente de sua vontade ou compreensão. Nada poderia ser feito para reverter a natureza.

Pois a verdade é que Étore não era um Espírito mau, nem corrupto, nem doente. Contudo, ele era dotado de uma peculiaridade que era particularmente desprezada e odiada numa sociedade machista como era a italiana de então: Étore não se sentia atraído por mulheres. Sua orientação homossexual era assaz forte para que pudesse ser escondida por mais tempo.

A revelação desse fato, quando as evidências se tornaram gritantes, havia matado Faustino, segundo dissera sua mãe, única pessoa que durante muito tempo fora a guardiã de seu segredo.

E Étore não queria se esconder. Desejava viver do seu jeito, ser feliz. Pretendia alcançar um lugar no qual pudesse ser compreendido e respeitado como ser humano. Mas ele sabia que tal lugar era inexistente. Aonde quer que fosse, seria humilhado, espezinhado, ferido. Então, era mais certo dar cabo da própria vida e acabar com todo aquele sofrimento.

Estimulado por essa idéia, Étore levantou-se. O batel oscilou perigosamente. O sol escondera sua face por trás das nuvens pesadas do norte, o que tornava o dia ainda mais macabro e depressivo.

O filho de Faustino analisou as águas que em breve receberiam o seu cadáver. Ficou imaginando qual seria a melhor maneira de morrer. A mais rápida e indolor. Aspiraria a água com toda a força.

Um arrepio de terror invadiu-lhe a mente. Não, assim seria terrível. Poderia mergulhar e esperar pelo congelamento. Embora já fosse primavera, a temperatura do lago ainda estava bem baixa. Era certo, portanto, que a hipotermia acabaria por matá-lo. Mas quanto tempo demoraria? Talvez muito. O consolo era que esse tipo de morte ao menos deveria ser suave, quase imperceptível.

Um vento soprou. Étore pensou em sua avó novamente. Era só um pensamento. Nada mais. Ele fechou os olhos e mordeu os lábios. Subiu na borda do barco, pulando para a suposta paz da inconsciência. A água estava terrivelmente fria. Étore sentiu como se milhares de agulhas penetrassem seu corpo simultaneamente. Voltou à superfície, agarrando-se na lateral do bote, já pensando em um eventual arrependimento.

Enquanto milhões de cenas percorriam sua mente, ele tiritava de frio. Naqueles segundos, decidiu que, definitivamente, deveria morrer. Mas ao articular tal pensamento, ele teve a impressão de ouvir uma voz gritar atrás de si:

— Étore, não!

A impressão foi tão forte que ele se virou. Não havia ninguém. Somente o sussurro do vento. A imagem de sua avó dançou em sua retina outra vez. Juraria que tinha sido a voz dela. Sem que pudesse evitar, uma retrospectiva lhe varreu o cérebro. Recordou-se que ela lhe dissera certa vez que as almas dos suicidas iam para o inferno. E ele não queria ir para o inferno. Assustado com o próprio gesto, caindo em si, Étore tomou um impulso e forcejou para voltar ao bote, o que foi muito custoso, dado que a superfície do lago estava bastante agitada pelos gemidos agudos de uma tempestade que se aproximava.

Quando se viu seguro, Étore teve uma crise convulsiva, identificando a estupidez de sua atitude. Naquele instante, jurou para a avó que nunca mais tentaria se matar.

Solitário, molhado como um peixe, o filho de Faustino reconheceu que só lhe restava enfrentar o mundo com destemor. Seria uma luta dura e desigual, mas ele teria de travá-la, nem que o preço a pagar por sua ousadia fosse alto a ponto de custar-lhe a alma.

Étore jamais poderia saber disso naquele momento, mas havia um plano do Alto para que ele ajudasse a demolir os castelos do preconceito. O objetivo final era eliminar, ao longo do século, com tudo aquilo que fosse causa de dissensão entre os filhos de Deus, impedindo-os de perceberem que o verdadeiro amor é incondicional e independente de tudo.

Capítulo Sétimo

Problemas

Mais três dias se passaram, sem novidades de monta. Na casa dos Gualfrani a vida era perturbada pelos rumores desencontrados que vinham do Piemonte. Boatos falsos e disparates de toda a sorte eram propalados não só pelos agitadores ocasionais, mas também pela imprensa nacionalista, de maneira que quase ninguém sabia o que de fato estava acontecendo.

A chegada de soldados na região aguçou ainda mais a sensação de insegurança e encheu o ar com o cheiro de pólvora. Os italianos tratavam as forças do imperador com indisfarçável frieza. Eles compreendiam que aqueles homens eram a ponta-de-lança do exército austríaco. Os mais exaltados começavam a planejar sabotagens e atentados contra os batalhões de reconhecimento.

Entre estes exaltados, estava, naturalmente, Franco Pina. O jardineiro recebia cartas e instruções codificadas de Turim, a respeito da evolução dos acontecimentos e das movimentações diplomáticas de Cavour. Foi assim que Pina ficou sabendo oficialmente do encontro que ocorreria entre o primeiro-ministro Piemontês e

Napoleão, com o propósito de se discutir a situação da Itália. Ele tinha, portanto, uma noção mais justa das coisas e era, talvez, a única fonte confiável de informações. Quase todas as noites o revolucionário compartilhava as novidades com Antônio e Giovanni, em reuniões secretas no seu barracão. Eles planejavam as estratégias de retardamento do exército austríaco se a guerra realmente explodisse. Isso implicava, necessariamente, no alagamento das áreas de rizicultura da Lombardia, abrindo as comportas dos pequenos diques. Essa tática tinha por objetivo causar o bloqueio das estradas que levavam a Turim. Na verdade, a destruição das vias de acesso era uma das missões mais relevantes de Franco Pina.

Naquela altura dos acontecimentos, ignorando a participação de seus filhos em um complô contra o imperador Franz Josef, Gualfrani começou a modificar sua opinião em relação ao jardineiro. Giácomo era um homem arguto e percebera que Laura agia de forma estranha quando o assunto em pauta era Pina. Gestos, palavras e expressões mostravam ao comendador que o evidente entusiasmo de Laura não era apenas um fugaz sentimento de admiração, mas representava algo maior e mais perigoso. Ele calculou então, que seria melhor montar um plano alternativo, caso o projeto de casá-la com Étore Balesteri fracassasse. Sufocando sua antipatia pessoal pelo rapaz e querendo realmente fazer Laura feliz, Giácomo colheu com Bórgia mais informações pessoais sobre o milanês. O padre não se sentiu capaz de omitir a verdade e foi bastante sincero com o amigo. Ao conhecer o passado de Pina, Gualfrani sepultou definitivamente qualquer possibilidade de franquear ao jovem o acesso à sua família através de um casamento com Laura.

A filha de Laurinda, porém, tinha idéias bem diferentes das do pai. Descobrindo que os irmãos saiam a altas horas e se dirigiam ao alojamento de Franco, ela passou, por mera curiosidade, a acompanhá-los, e, escondida pelas folhagens do jardim, ficava ouvindo as conversações políticas dos jovens.

Embalados por vinhos e bebidas mais fortes, Antônio, Giovanni e Franco teciam as táticas que secundariam a futura orgia de sangue. Ainda que fosse uma egoísta inconseqüente, Laura quedou-se preocupada. Ela percebia que seus irmãos estavam gravemente comprometidos com atividades revolucionárias. Laura concluiu que se Antônio era um sonhador, ao menos o era coerente. Giovanni, porém, tornara-se um tolo romântico, ao acreditar que o teatro da guerra era um palco de heróis.

Sabendo das restrições paternas quanto a essas reuniões, Laura passou a espionar os irmãos com a finalidade de obrigá-los, posteriormente, a pararem, pois não queria de forma alguma, que Franco fosse demitido por causas insignificantes. Mas antes de pressioná-los, ela precisava de mais detalhes e ter certeza do que exatamente estava acontecendo.

Na noite daquela quarta-feira, Laura fazia sua perseguição silenciosa e sorrateira. Aproveitando-se de um tamborete largado ao acaso no quintal, ela se sentou próxima à janela o suficiente para ouvir a conversa. No íntimo, ela tinha a esperança de que Franco Pina comentasse algo a seu respeito para Antônio ou Giovanni. Talvez por isso ainda não tivesse revelado o que sabia para os irmãos. Mas, para o seu desapontamento, os assuntos versavam sempre sobre política ou guerra.

Essa era a quarta expedição de Laura no terreno da espionagem e ela já se entediara de tais palavrórios o suficiente para ser dominada pelo sono. Sem que se desse por conta, acabou dormindo, recostada à parede do barracão.

Em seu delírio onírico, ela sonhou com Franco, o homem de seus anseios femininos. Laura desejava-o profundamente e sua alma começava a despenhar-se no abismo negro das emoções desequilibradas. A cada dia ela pensava mais no jornalista. Algo lhe advertia de que se tratava de um amor impossível. Talvez até por isso, ela se sentia mais e mais atraída. A jovem rezava todas as noites, explicando aos santos porque precisava de Pina e porque eles deveriam atender seu pedido. E assim que se deitava, seus pensamentos migravam para o caminho dourado da ilusão. Ela não sabia ao certo como mensurar semelhante transformação em sua alma. Aquele aperto no coração, aquela lembrança constante, aquele desejo de ser tocada e abraçada; aquilo tudo era amor? Era isso?

Perdida em seu coma encantado, Laura não podia perceber o que se passava dentro de casa. Giácomo tinha conversado com o padre naquele dia e assombrado pelas revelações, não conseguira repousar. Agitado, ele virava-se na cama, de um lado para outro, tentando conciliar o sono. Desde a morte de Laurinda, Giácomo tinha dificuldades para dormir. Essa situação estava se agravando com os anos. Para atenuar a insônia, às vezes o comendador descia no meio da noite até a cozinha e tomava generosas doses de vinho.

Levantando-se, o patriarca calçou os chinelos. Avançava pelo corredor escuro quando percebeu que a porta do quarto de Giovanni estava entreaberta. Um gesto instintivo o forçou a entrar, para ver se estava tudo bem. Para seu espanto, notou que a cama estava vazia. Aflito, buscou o quarto de Antônio e certificou-se de que ele também não estava deitado. Por fim, verificou que Laura igualmente sumira. Pressentindo problemas, o velho fidalgo foi para a cozinha e a seguir, para o pátio, consciente de que algo anormal ocorria.

Ao romper pela porta, examinar os arredores e caminhar um pouco, divisou luzes no alojamento de Franco. Furibundo, disposto a mandar o forasteiro embora pela manhã, Gualfrani observou que seus filhos varavam pela noite escura, rindo e brincando, meio embriagados. Ao verem o pai, pararam, assumindo uma atitude respeitosa. O comendador ergueu a lanterna e o brilho da chama clareou a estrada. Giácomo mantinha uma expressão de grave censura.

— Pai? — perguntaram os jovens, em uníssono, demonstrando admiração.

— O que fazeis no alojamento de Pina?

Antônio, que era o mais audacioso dentre os dois, porquanto Giovanni se sentia incapaz de contestar Gualfrani, adiantou-se e meio confuso pelo efeito do álcool, tentou explicar:

— Nada! Estávamos apenas jogando cartas...

— Jogando, hein? Tão tarde?

Gualfrani levou a lanterna para perto do rosto do jovem médico, com o intuito de verificar se ele estava sóbrio. Não precisou de muito tempo para concluir que seus filhos estavam alterados.

— E bebendo bastante, pelo que posso notar! Admira-me Antônio, que tu, um médico, já noivo, ainda tenhas as atitudes de um pândego qualquer! De Giovanni podia aceitar isso, porque ele é novo e não tem muito juízo! Mas de ti esperava as atitudes de um homem!

— Pai, eu... — ousou balbuciar Antônio. Foi bruscamente interrompido por Giácomo:

— Quieto! De uns meses para cá, tu tens me dado muitos aborrecimentos! Na certa é influência desse Pina! Praza a Deus que ele vá embora assim que começar a guerra!

— Pai, Pina não tem nada a ver...

O comendador estava irritado e impediu a defesa do filho mais uma vez:

— E Laura? Onde está a tua irmã?

Os jovens pareceram surpresos com a pergunta. Giácomo suspendeu a luz no ar.

— Não vimos Laura! Ela não está dormindo?

— Não, a cama está vazia! — respondeu o comendador, parecendo preocupado.

— Talvez tenha ido ao toalete... — sugeriu Giovanni.

— Já verifiquei! Não está lá também!

Antônio tratou de amainar as suspeitas paternas:

— Bem, com Pina ela não está! Acabamos de vir de lá! O senhor verificou se ela não foi dormir com Romana? Talvez não estivesse se sentindo bem...

— Pode ser! Mas vamos procurar primeiro pelo jardim!

— Não creio que ela esteja por aqui, pai! — continuou Antônio.

— Eu apostaria minha cabeça como está! Antônio, volta para o barracão de Pina! Ele nos ajudará! Giovanni, procura dentro de casa! Mas cuida para não acordar Romana ou Leopoldo! Não queremos alarmar ninguém desnecessariamente e levantar comentários levianos sobre a honra de tua irmã! Ela não foi longe! Eu vou verificar o jardim!

Os homens começaram então a dar busca. Franco Pina foi avisado e em menos de dois minutos encontrava a jovem, dormindo recostada na parede do alojamento.

Sorrindo, embora preocupado, Pina tocou de leve no ombro da jovem. Ela abriu os olhos, assustada, sem ter certeza se sonhava ou não. Com um jeito doce, Pina indagou:

— Senhorita Laura, o que tu fazes aqui? Todos estão te procurando! Não será bom se eles te encontrarem perto de mim!

Desconcertada e relutando em dizer a verdade, Laura ergueu-se. Sem perceber outra saída, mentiu:

— A noite estava tão bela que resolvi dar um passeio só para ver as estrelas! Fiquei pensando na vida e dormi!

Pina deu uma risada ligeira, compreendendo que o pudor forçava a jovem a inventar um pretexto que mal podia servir para enganar crianças.

— As estrelas? A senhorita queria ver as estrelas? Bem aqui, ao lado de minha janela?

Um intenso rubor coloriu a face de Laura. Pina, todavia, não lhe deu tempo para sentir vergonha:

— Não deverias sair sem Romana! O teu pai pode não gostar e com justa razão! Também eu temeria perder uma preciosidade como a senhorita! O mundo é perigoso para as mulheres bonitas! Tu não sabes disso?

Uma alegria intensa se irradiou dos olhos de Laura. Sua disposição de espírito alterou-se radicalmente. Da humilhação passou em um segundo para a exaltação:

— Tu me achas bonita? Verdade?

— Claro senhorita! Qual homem de bom gosto não te acharia linda, com estes olhos de oceano e com estes cabelos de ouro? Somente um cego não enxergaria a tua beleza!

Fascinada com o elogio, seduzida pelos próprios sentimentos, Laura esticou os pés, porque era de baixa estatura em relação à Pina. Ela se aproximou perigosamente e o carbonário o percebeu. Recuando um pouco, o milanês permaneceu em silêncio.

— Fico muito feliz em ouvir isso! Gostaria muitíssimo que fosse verdade! E que me estimasses, também!

Pina avaliou que tinha Laura em suas mãos, considerando que a tola estava apaixonada. Envaidecido, pois tinha grande admiração por si mesmo pensou em beijar a jovem. Ela decerto não o rejeitaria; era uma presa fácil. Mas, ciente do perigo, ele se afastou um pouco mais. Isso foi providencial, porque, em segundos, ouvia a voz do amigo Giovanni, que reportava ao pai o fracasso da busca na casa. Pina jamais deixaria passar em branco uma oportunidade daquelas e antes que Giovanni aparecesse, ele inclinou-se para frente e ciciou no ouvido de Laura:

— Eu te estimarei, com certeza!

A jovem quis demonstrar sua felicidade de alguma maneira. Não pôde, porém, pois nesse instante Giovanni e Giácomo surgiram, em passos rápidos. Gualfrani quedou-se paralisado diante da cena. Ele não vira nada de extraordinário; Franco Pina parecia tranqüilo e, com as mãos nos bolsos, agia como se tudo estivesse sob controle.

Contudo, ao ver Laura em trajes de noite, próxima do jardineiro e com aquela expressão de alheamento ao mundo e as responsabilidades, o comendador percebeu que a situação estava ficando fora de controle. Transtornado, Giácomo pensou em voltar para casa, pegar sua pistola e liquidar com o infame Pina.

Contudo, as palavras inocentes de Giovanni praticamente o desarmaram:

— Ah, Laura! Tu estás aí! Ainda bem que Franco te achou! Estávamos a tua procura!

A filha de Laurinda caminhou em direção ao pai, sem atinar ainda com a exata condição na qual se encontrava. Brejeira, esclareceu, saltitante:

— Perdoa-me papa, se te assustei! Mas é que a noite estava tão bela que eu quis ver as estrelas. Acabei encostando-me na parede e cochilei!

E dito isso, Laura deu um pulinho e abraçou o comendador. Esse gesto carinhoso anulou de vez a súbita ira de Giácomo. Sua filha tinha esse dom de acalmá-lo. Não importava o tamanho de sua raiva, ela sempre conseguia dobrá-lo com facilidade. Isso não significava que Gualfrani era tacanho. Experimentado pelas mais diversas situações sociais, ele percebeu de imediato que sua filha mentia e que o romance entre ela e o jardineiro estava resvalando para o abismo da prevaricação. Por isso, não deixou de ser rude. Desvencilhando-se de Laura, ordenou:

— Para casa!

E sem agradecer ao empregado, Giácomo retirou-se, levando a jovem pelo braço. Compreendendo agora a gravidade da suspeita que sobre si caíra, Laura deixou lágrimas pularem de seus olhos. O pai jamais agira com semelhante dureza antes e ela se sentia humilhada diante do homem a quem amava.

Em casa, a repreensão continuou, severa. Antônio e Giovanni tentaram amenizar as coisas, apaziguando o Espírito paterno, mas a confusão só aumentou quando Laura, em desespero, disse que estava, na verdade, vigiando os irmãos, que iam até a casa do jardineiro, para conversar sobre política e revolução.

A tática de Laura em desviar a atenção do pai para outra situação, surtiu efeito até certo ponto. A discussão ganhou grandes proporções, com Gualfrani acusando os filhos de traição e ameaçando mandar embora o intruso que tornava sua vida um inferno. Os jovens protestaram novamente, alegando que a guerra começaria em breve e que o momento de Pina partir para cumprir suas obrigações patrióticas estava próximo.

A discussão terminou por falta de combustível, como o fogo que se extingue ao encontrar o muro intransponível da intransigência.

Perturbados, todos foram dormir tomados por uma irritação crescente. A exceção foi Laura. Ela estava fascinada por um suave delírio. Aquela noite tinha sido maravilhosa, porque para ela, as palavras insinuantes de Pina tinham tanta importância como uma bênção dada pelo próprio Deus.

Capítulo Oitavo

Compromissos

Pela manhã, Gualfrani mandou chamar a filha. Romana, já ciente do caso, veio junto, para tentar interpor-se entre Laura e a severidade de um castigo que se fazia esperar.

Giácomo, contudo, despachou Romana sem a menor cerimônia, exigindo uma conversa particular com a filha. A professora ousou regatear com a dureza do patrão, mas recebeu uma ordem tão incisiva para se retirar que não pôde esboçar qualquer reação.

A menina ficou parada diante do pai, trêmula. Para esconder seu medo, fez menção de sentar-se, mas o comendador podou-lhe o objetivo.

— Permanece em pé! — disse ele, regurgitando a ira do dia anterior. — O que vou conversar contigo não é uma mera reprimenda! Na verdade, trata-se de um fato de importância capital!

Laura empalideceu, compreendendo que algum desastre se aproximava. A postura fechada de seu pai pressagiava uma atitude de carrasco. Em um segundo, ela calculou que seu pequeno crime não mereceria uma punição tão severa. Ainda assim, ela tentou se defender:

— Papa, ontem eu... — gaguejou a menina, vacilante.

— Não me interrompas!

Após semelhante advertência, Giácomo andou para o lado. Deu um suspiro e por precaução fechou a porta do escritório, certificando-se que Romana não estava bisbilhotando por ali. Virou-se então para Laura e disse, sem rodeios:

— Desde que tua mãe morreu, eu tenho me empenhado em te dar a melhor educação que uma moça pode ter. Não te privei de coisa alguma; tudo o que desejaste, tiveste, sem protestos e sem rebuços! Sempre fui sincero contigo e o serei agora, que é o momento da contrapartida! Tu tens de assumir tua posição como mulher. Não ignoras que eu jamais deixaria a tua segurança de lado, pois estou velho e meus dias estão contados por Deus! Mas não quero partir desta Terra preocupado com o teu futuro! Teus irmãos são bons rapazes, mas terão vida e interesses próprios e nem sempre poderão te socorrer! Então é necessário que sejas independente deles e que construas o teu lar!

Laura permaneceu com um olhar atordoado. Não sabia aonde o pai queria chegar.

— Por isso — prosseguiu o comendador — é meu desejo que tu cases o quanto antes!

Um súbito lampejo de esperança varreu a alma da menina. Ela cogitou que o pai percebera-lhe o pendor afetivo e que vinha agora auxiliá-la em seus projetos.

Diante da pausa que se fizera naturalmente, Giácomo entendeu que deveria jogar com todas as possibilidades.

— A não ser, é claro, que seja de tua vontade envergar um hábito!

A última coisa que Laura pensava era em um dia tornar-se freira. Seu Espírito irrequieto tinha ânsia de viver. Ela queria conhecer o mundo e ser feliz. Abraçar Franco e com ele compartilhar os segredos do Universo. Um convento era algo impensável para ela.

— Não papa, não quero ser religiosa! Não tenho a menor vocação!

Giácomo não fez caso da interrupção de Laura, aceitando a observação como válida e óbvia.

— Ontem, pela primeira vez, notei que tu já és uma mulher feita, com um coração palpitante e sedento de carinho! Contudo, notei também que te falta a experiência necessária para reconhecer um velhaco quando encontra um! Assim sendo, acho justo que confies a mim a direção de assunto tão importante! Eu não permitirei, de modo algum, que um aventureiro arruíne a nossa honra e a moral ilibada de nossa família!

A jovem tornou a empalidecer. Ela sentiu que seu pai não pensava em Pina ou se pensava era justamente para afastá-lo dela. A expressão facial de Laura foi se desmanchando a cada palavra, pois Gualfrani não terminara:

— Dessa forma, quero anunciar que já providenciei um noivo para ti! Um jovem talentoso e de boa reputação!

— Quem? — inquiriu ela, rápida, sem raciocinar muito.

— Étore! Étore Balesteri!

— O senhor só pode estar brincando, papa! — protestou ela, agora de uma forma agressiva. Demonstrando sua contrariedade, ela colocou as mãos sobre a cintura, em nítida postura de desafio.

— Eu sequer o conheço direito! E não o amo! Além disso, eu...

E Laura deixou as reticências no ar, compreendendo que não poderia confessar seu amor por Pina sem esperar por represálias.

— Tu?

Laura mudou o rumo de sua argumentação, para ver se conseguia ludibriar o pai.

— Acho que sou jovem demais! Não estou preparada para casar e ser mãe! Ainda mais com um homem a quem vi duas ou três vezes na vida!

— Tu já não és mais tão jovem! O ano que vem terás dezoito anos! Com essa idade tua mãe já tinha tido o Antônio e esperava o Césare! E quanto a amar e conhecer, isso se fará com o tempo!

Entendendo que o pai se fincara numa posição irredutível, Laura começou a se desesperar:

— Papa! O senhor não pode fazer isso comigo! Eu não quero!

— Tu não queres? É melhor casar do que abrasar! Laura, minha filha, não me tomes por um tolo! Pensas que eu não sei que os teus olhos só brilham para o forasteiro?

Compreendendo que seria inútil mentir para o pai, a filha de Laurinda confessou:

— Eu amo o Franco, papa! O senhor pode entender isso? É com ele que quero constituir uma família, não com esse desconhecido do Étore!

Giácomo não se abalou com a revelação que sua alma já adivinhava. Fitando a filha com severidade, exclamou:

— Tu não sabes o que é o amor! E também não conheces esse sujeito!

— Como o senhor pode querer direcionar a minha vida? Se eu perder Franco, não vou agüentar; vou morrer!

Agora Gualfrani esboçava um sorriso sarcástico, porque compreendia que suas revelações mostrariam para a filha quem era realmente Franco Pina.

— Tu achas que ele é simplesmente um jardineiro?

— Eu sei que ele é um homem de letras, um jornalista exilado!

— É isso o que sabes sobre ele?

— O que há mais para saber? Eu o amo e não me importo com o passado dele!

— Não te importas, Laura? Um homem de letras... Hum! Se fosse só isso, não te impediria! Tu sabes que ele lutou na Criméia?

Que era jornalista e fazia propaganda contra o governo do imperador? E que em Turim ele deixou uma mulher e filho pequeno?

Laura cambaleou diante da última revelação. Era como se suas esperanças tivessem tomado um tiro fulminante. Aquilo era demais para ela. Sentiu o mundo rodopiar a sua volta. Apoiou-se no espaldar da poltrona e indagou:

— Como o senhor sabe? Quem contou essa mentira para o senhor?

— O padre Pietro me contou! Tu achas que ele mentiria? Quando percebi que gostavas desse Pina, fui me informar melhor!

— Um filho? Ele é casado?

— Não! Até o ponto em que sabemos, ele desonrou uma jovem e fugiu de suas obrigações, dizendo que tinha de fazer suas ações políticas! Ele fugiu para cá para se esconder dos parentes da jovem, que o perseguiam no Piemonte!

— Eu não acredito! — bradou Laura entre soluços de desapontamento.

Gualfrani contemplou a filha com ares de vitória.

— Pois é a mais pura verdade! Eu sei que irás inquiri-lo sobre isso! De nada adiantaria te vigiar, pois acabarias burlando a nossa fiscalização! Então eu te autorizo a ir até ele e perguntar! Verás que eu falo a verdade! E se ele ainda tem um mínimo de decência no caráter, confirmará os fatos!

Laura estava arrasada. Escorregou pelo espaldar, sentando-se na poltrona.

Avançando entre triunfo e pena, Gualfrani completou:

— Deves ponderar com cautela! Se a esposa de Faustino concordar, trarei Étore! Tu o conhecerás melhor! Verás que ele não será um marido repugnante!

E Giácomo saiu, fechando a porta atrás de si. Ele pensava que com aquelas afirmações, o assunto estaria encerrado. Mal podia adivinhar que para o Espírito Laura a luta estava apenas começando.

Capítulo Nono

Urdiduras

No dia aprazado, Gualfrani apresentou-se na casa de Nicole Balesteri para obter a resposta que ele esperava, haveria de ser totalmente favorável às suas pretensões.

Durante aquela semana, muita coisa mudara na cabeça de Étore. Desde a sua tentativa fracassada de suicídio, ele havia assumido uma resolução dúbia, inclinada ao seu sacrifício e ao de Laura. Aparentemente, o filho de Faustino concordara com a petição de Gualfrani, mas no recôndito de sua alma, ele especulava sobre as possíveis soluções; soluções estas que não precisariam ser necessariamente honestas. Qualquer desculpa poderia ser usada, desde que salvasse sua pele. Era evidente, para Étore, que aquele casamento já estava de antemão fadado à falência mais desastrosa. De qualquer maneira, entendendo que era melhor encenar uma concordância do que se bater desesperadamente contra a realidade, ele fingiu consentir e comunicou à Nicole sua decisão.

Esse fato surpreendeu positivamente a viúva. Uma grande satisfação encheu-lhe o Espírito por ver salva a reputação de sua família. Na verdade, a senhora Balesteri acreditava, como muitos naquela época, que o homossexualismo era uma doença e que como tal, poderia ser curada. Se essa cura fosse obtida de maneira espontânea e inexplicável, isso pouco lhe importava, embora o fato não deixasse de causar certa estranheza. A viúva considerou de si para consigo que muitos desgostos poderiam ter sido evitados se tal transformação tivesse ocorrido meses antes.

Agradecendo à virgem Maria e a Santo Antônio de Pádua em suas orações, Nicole se sentiu bem segura para receber Gualfrani.

Convidando-o para que tomasse assento, ofereceu-lhe um chá. Observando a postura afável da anfitriã, muito diferente da postura da entrevista anterior, Giácomo pressentiu que sua proposta tinha tido êxito.

Após as preliminares de praxe, Nicole adentrou no assunto que a ambos interessava:

— Amigo Gualfrani, conversei com meu filho e ele concordou com o noivado. Étore quer conhecer Laura e garantiu-me que se ela for agradável ao seu coração, assumirá um compromisso, sem problemas!

Giácomo abriu um largo sorriso, misto de alívio e satisfação. Feliz, passou a mão sobre o rosto e completou:

— Folgo em sabê-lo! Nada me trará tanta alegria quanto cimentar a nossa amizade em bases mais sólidas!

Nicole fez um gesto de aprovação com a cabeça. Aproveitando-se da pausa, interveio:

— Étore planejava ir para Roma ou Paris! Ele pretendia dedicar-se à pintura, sua verdadeira paixão! Talvez mantenha essa idéia, mesmo após o casamento!

Gualfrani exprimiu uma certa contrariedade, mais pela profissão do genro do que pelo fato de uma eventual mudança de sua filha. Cuidadoso, indagou:

— Faustino havia me dito que teu filho tinha essa propensão artística! Isso é bom, mas eu me pergunto se será adequado para sustentar uma família! Laura está acostumada a um certo padrão de vida e...

— Compreendo a sua preocupação, senhor Gualfrani! — interrompeu Nicole, brusca. Em um instante, emendou:

— Mas o amigo pode ficar tranqüilo! Nada faltará a Laura, porque eu tenho uma boa herança a receber e Faustino também legou-nos um bom cabedal de recursos! Com certeza o futuro deles estará garantido, com os rendimentos que temos em Milão!

Desacostumado a ser tratado com secura, Giácomo quis revidar em duras palavras e romper ali mesmo com o compromisso. Nicole não havia sido deliberadamente ríspida, mas ele assinalava, cada vez com mais certeza, de que a mãe de seu futuro genro era arrogante e autoritária. Decididamente, uma mulher difícil. Gualfrani, porém, sabia que esse era o preço a pagar e, mobilizando os esforços de sua exígua paciência, replicou:

— Melhor! Um problema a menos!

A resposta caiu no vazio. Nicole percebeu que Giácomo não gostara da observação. Isso pouco a molestou. Erguendo-se, chamou pelo filho. Em segundos, Étore apareceu sob o umbral da porta. Gualfrani observou-o acuradamente. De fato, era a primeira vez que o fazia. Sempre o vira de relance, cumprimentando-o ligeiramente. Mas agora, vendo-o de perto, percebeu que havia algo de errado com o rapaz. Seus traços eram belos e bem feitos. Nariz fino, cabelos castanhos, altura adequada, perfil elegante e esguio. Todavia, era imberbe como uma mulher e sua voz melodiosa comportava um timbre suspeito.

Após cumprimentar o rapaz e ouvir dele umas poucas observações, Gualfrani ficou desconfiado. Percebendo que o comendador não era um velho senil, Étore esforçou-se para parecer másculo e mudou o quanto pôde a entonação de suas palavras. Com isso ele conseguiu, senão convencer, ao menos confundir Giácomo, que pensou tratar-se de um caso de timidez somado a uma educação severamente matriarcal.

Depois de travar um contato inicial, o comendador marcou o primeiro dia do noivado para a tarde seguinte. O filho de Faustino foi conciso, para demonstrar segurança e, sobretudo, para não se trair.

Giácomo voltou para casa menos satisfeito do que deveria. Ele estava em dúvida quanto a virilidade daquele jovem. À primeira vista, achou-o um tanto afeminado. Mas ponderou igualmente que de uma mãe como aquela, na certa nasceriam filhos submissos e emasculados. Em um instante, ele comparou Étore a Franco. Este último poderia ser um canalha ateu e desordeiro, mas era certamente um modelo perfeito de masculinidade.

Criada entre as rudes tarefas de uma cultura semi-agrária e os hábitos rurais de jovens como seus irmãos, Laura desconhecia homens delicados. Era bem possível que ela rejeitasse Étore, não só por estar envolvida com o forasteiro como também porque aqueles trejeitos iriam lhe parecer uma absoluta aberração.

Chegando em casa, Giácomo comunicou a Laura que ela receberia a corte de Étore e que, portanto, deveria estar preparada.

Diante do rude golpe que sofrera dias antes, Laura tinha se recolhido, arrasada. Nada a interessava e ela mergulhara numa letargia altamente depressiva. Por isso, balançou os ombros, indiferente ao aviso. Calada e triste, voltou a se trancar no quarto.

Todavia, o passar das horas trouxe novas e desesperadas reflexões à senhorita Gualfrani. Dentre essas, uma certa incredulidade nas palavras de seu pai. Ela sabia que em circunstâncias normais, ele jamais mentiria. A palavra dele era dura e verdadeira como uma pedra de granito bravo. Mas aquela era uma situação excepcional. E se seu pai estivesse usando uma artimanha para convencê-la a desistir de um amor que desaprovava?

Em poucas horas, sentindo o coração triturado, Laura decidiu que precisava ter certeza do que realmente ocorrera. Teve uma idéia, que julgou brilhante, e sorrindo entre os travesseiros, esperou a chegada da noite.

Observando astuciosamente, procurou ter a certeza de que seus irmãos se recolhiam. Desde o dia do sumiço, eles não tinham mais participado de reuniões com Pina, para evitar atritos com o pai. Depois de conferir que a casa toda mergulhara no silêncio e na escuridão do sono, ela se enrolou em um roupão e desceu pelas escadas, lenta e cuidadosamente.

Franco Pina teve dificuldade em acordar diante das batidas que ressoavam rápidas e simétricas. Como sempre, ele bebera um bocado. Estava entontecido e sonolento quando abriu a porta.

A surpresa o fez despertar mais rápido.

— Senhorita Laura? O que tu fazes aqui?

A jovem, sem se preocupar com mais nada, entrou, empurrando levemente o jardineiro para dentro de seu barracão.

Laura contemplou o tugúrio. O pequeno depósito, transformado em residência por força das circunstâncias, parecia ter sido submetido a saqueadores. Organização e limpeza não eram o forte de Pina. Pilhas de jornais e recortes estavam jogados de qualquer maneira, sem ordem aparente.

Ele acendeu uma vela, enquanto ouvia Laura dizer:

— Precisamos conversar...

— Precisamos?

Agora os olhos azuis de Laura estavam úmidos e seus lábios tremiam de nervosismo. Ela respirou fundo, tentando readquirir o controle sobre si mesma.

— Sim, precisamos...

— Senhorita, eu acho que...

Laura impediu a advertência sensata de Franco, que na verdade atingia o limite extremo de sua racionalidade. Aquela frase cortada era o máximo de prudência que Pina podia exigir da alma hedonista. Daí por diante, ele sentia que o império dos instintos assumiria uma preponderância decisiva em suas atitudes. Portanto, julgava-se isento de qualquer culpa se Laura forçasse uma situação dramaticamente irresistível.

Mas, de início ele se admirou com a pergunta direta da jovem:

É verdade que tu tens um filho com uma mulher de Turim?

Apenas ligeiramente abalado, Pina avançou até um garrafão de vinho e se serviu. Ele ofereceu um copo para Laura. Ela recusou. Estava ansiosa demais para se ocupar com outras coisas. Por isso insistiu:

— É verdade?

— Já te contaram essa estória, não?

Laura balançou a cabeça afirmativamente, enquanto Pina sentou-se numa cadeira semi-arruinada. Ele deu um gole bem generoso no vinho, enxugando os cantos da boca com o braço.

— E então? — reiterou a jovem, demonstrando irritação diante da atitude evasiva de Pina. O carbonário sorriu, ciente de que estava no controle da situação, embora momentaneamente acuado.

— Por que minha vida pessoal te interessa tanto?

Laura não esperava por essa pergunta. Envergonhada, baixou a cabeça. Não conseguiu articular nenhuma desculpa.

— Tola! Foste abatida pelo cupido, não? — e Franco soltou uma gargalhada ligeira. Entendendo aquele gesto como um deboche, Laura divisou Pina por baixo dos olhos, exprimindo uma raiva ofídia:

— Tu achas isso engraçado?

Pina saltou da cadeira, como se tivesse sido picado por uma cobra. Aproximou-se de Laura e retribuindo o olhar hipnótico com o domínio da displicência, escusou-se:

— Desculpa-me! Não quis te ofender, nem magoar teu coração!

A moça recuou dois passos, mas não tinha a intenção de fugir ao desafio proposto pelo destino, porque voltou a inquirir:

— Ainda não me respondeste: é verdade essa estória?

Franco recolocou o copo sobre a mesa. Sereno, contou a sua versão dos fatos:

— Na verdade não é um filho, mas uma filha! Contudo, essa menina não é realmente minha! Quando voltei da guerra, na Criméia, conheci uma jovem alucinada, chamada Mirela! Essa moça era filha de um jornalista de Turim, conhecido meu! Ela tinha tido um namorado secreto, que a abandonou! Desesperada e necessitando de um desabafo, ela me contou que o pior tinha acontecido, porque esse homem inescrupuloso prometera-lhe um reino de ilusões! Mas assim que conseguiu o que queria, ele foi embora! Por compaixão e por uma miserável fraqueza de minha parte, e nisso me confesso culpado, acabei não só escutando o seu drama. Eu me envolvi, ainda que meu coração nenhum vínculo tivesse com aquela miserável oportunista! Pois a verdade é que em menos de duas semanas ela reportou-me uma inesperada gravidez, afirmando que eu era o pai, sem sombra de dúvidas! Percebi que era vítima de uma sórdida armadilha, feita para salvar uma reputação arruinada! É claro que recusei essa idéia! Então, quando ela me ameaçou com o escândalo e com a vingança de sua família, resolvi fugir! Fui para Nice. Mas as coisas apertaram outra vez, porque soube que os parentes de Mirela me procuravam! Só me restou vir para cá, onde podia contar com a ajuda de amigos! Fiquei sabendo, tempos mais tarde, que Mirela teve uma menina!

Após contar a sua distorcida evolução dos fatos, Pina fez uma pausa, como se fosse retomar o fôlego. O silêncio foi grande, porque Laura estava analisando com cuidado cada palavra daquela obra de ficção. Percebendo que uma interpretação mais demorada poderia comprometer a mentira, Franco, com um gesto teatral, segurou a filha de Gualfrani pelos ombros e instou, algo suplicante:

— Eu não sou o pai! Acredite em mim!

Laura deixou a expressão de severidade se desmanchar. Embriagada pelos sentimentos, acreditou piamente no milanês. Em segundos, um sorriso desenhou-se em sua face radiante de jovem subjugada pelas emoções:

— Eu sabia que tu eras inocente! Algo me dizia isso, em meu coração! Essa estória só poderia ser uma calúnia; só poderia ser!

E dito isso, Laura jogou-se nos braços sedutores de Pina. Por um instante, ele hesitou. Não queria e não podia ir além. Mas a bebida alterara-lhe o juízo, acentuando-lhe as fraquezas naturais. Sentia falta de uma companhia feminina, que há meses não desfrutava. Além do mais, Laura era muito linda para que uma oportunidade dessas fosse desprezada. Em segundos, Pina despojou-se não só de suas vestes, como também de todo o princípio e consideração por aqueles que o haviam acolhido como companheiro e amigo.

Capítulo Décimo

Apostas Casadas

Laura Gualfrani voltou para casa antes do amanhecer. Certificou-se de que ninguém notara a sua ausência. Contentíssima, perdida em delírios de felicidade, deitou-se e adormeceu rapidamente, certa de que agora, o seu desejo de ter Franco Pina era uma realidade inalterável.

Para o jovem carbonário, o sono não foi tão conciliador. Com o efeito do álcool passando, ele se deu conta do estrago consumado. Sabendo que o comendador mal o suportava e que não o aceitaria como genro, temeu por sua vida se aquele "acidente" fosse descoberto.

Mas, ao mesmo tempo, cogitou que Laura talvez pudesse exercer uma influência benéfica a seu favor e reverter a antipatia de Giácomo. Afinal, depois do que acontecera, Laura ficara sem outras opções e teria de pressionar o pai. Contemplando com inveja os bens de seu patrão, Pina considerou que tinha o direito de ser rico e feliz. Além disso, Giovanni e Antônio eram seus amigos. No fim das contas, não seria de todo mau se tivesse de permanecer por ali. Em todo caso, se as coisas ficassem fora de controle, fugiria.

Mais tranqüilizado com esse cálculo, Pina amainou as suas preocupações. Um novo dia encontrou-o na rotina habitual de suas obrigações de pobre jardineiro.

Todavia, ele ficou intrigado quando observou a carruagem da família Balesteri renteando a relva úmida do pátio. Laura havia contado para Pina, em linhas rápidas, sobre o compromisso forçado com Étore. Havia narrado a estória com os detalhes que conhecia, para garantir ao amado que jamais aceitaria aquele estranho como marido.

A princípio, Pina não ligou para o caso maior importância; mas aos poucos foi ficando inquieto com a perspectiva de Laura ser obrigada a revelar que não era mais virgem. Naquela época, uma afronta dessas era, amiúde, lavada com sangue. Ele não desejava magoar seus amigos e também não queria ser morto em um duelo ou em uma vingança traiçoeira.

Durante a manhã, Laura não deu o ar de sua graça. Mas como tudo parecia normal, Pina não se alarmou, até ver o veículo que chegava. Apreensivo por causa de seus receios, ele fingiu trabalhar em uma cerca viva e aproximou-se o suficiente para analisar a personalidade de seu concorrente.

Leopoldo recebeu os visitantes com cortesia. Nicole e Étore desceram do coche e pareciam seguros de si. Pina ficou chateado. Étore Balesteri não era um homem desprezível no aspecto físico. Tampouco demonstrava ser um tolo. Contudo, quando ele falou alto, protestando contra a lentidão da mãe, a verdade se revelou. Era um afeminado, com certeza.

Quase rindo, o carbonário meneou a cabeça diversas vezes e balançando a tesoura de poda displicentemente pelo ar, afastou-se.

— É esse o pretendente? — monologou o milanês, muito divertido. Ele mesmo deu a resposta:

— Se for, é mais provável que queira casar comigo, não com Laura!

Leopoldo também flagrou o trejeito de Étore. Sua expressão admirada quase foi percebida por Nicole que, ajeitando o basto vestido, sacudia os pés para tirar o barro que tinha se colado em seus sapatos de camurça.

Étore mirou o mordomo com desprezo e raiva, entendendo que Leopoldo já o desmascarara. Manteve a calma, porém. Recompondo-se, procurou dar a voz uma falsa entonação masculina e seus gestos tornaram-se menos delicados.

Giácomo os recebeu com a amabilidade possível. Depois de algumas manifestações de amizade, mandou chamar Laura. A jovem se apresentou em trajes de cerimônia, conforme pregava a etiqueta da época. Nicole sorriu e aquele sorriso eqüino causou aversão em Giácomo. A todo o momento o comendador se perguntava se fazia o certo. Não sabia. Mas tinha certeza de que não gostaria nunca, da viúva de Faustino. Atento aos próprios sentimentos, Giácomo mal ouvia os diálogos concisos que eram trocados entre os jovens e a senhora Balesteri. Parecia que ele estava em uma atmosfera irreal, que aquilo não estava acontecendo. Tratar Laura como uma boneca sem sentimentos e sem direito a opinião, era algo que o atormentava, ainda mais por saber que ela era contrária ao casamento com aquele rapaz extravagante.

O comendador só voltou a si quando Nicole expressou o desejo de dar aos noivos a necessária privacidade. Solicitou a Gualfrani o obséquio de uma carona, porquanto Étore voltaria com o seu veículo.

Os jovens ficaram isolados no escritório, mas Romana foi postada numa cadeira do lado de fora, como guardiã de uma virtude que já não mais existia.

Enquanto isso, Giácomo mandou Franco levar Nicole para a casa dos Balesteri. O jardineiro ficou feliz com a ordem, pois assim teria a oportunidade de sondar a situação com mais profundidade. Ele bem que tentou realmente, mas em sua grosseria, a mãe de Étore a tudo respondia com monossílabos ou simplesmente nada respondia, de forma que Pina pouco pôde descobrir.

Descobrimento mútuo é o que estavam fazendo naquele instante Laura e Étore. A sós, na sala, tentaram vencer os próprios medos. Étore sabia o quão difícil seria para ele sustentar a farsa. Laura estava arredia e após se sentar na poltrona, assumiu a postura defensiva de quem aguarda as primeiras palavras para agir. O êxtase por tudo que ocorrera no dia anterior a impedia de pensar em outra coisa além de repelir Étore da maneira mais cruel e inapelável. Ela sabia que o rapaz não tinha culpa, mas sentia por ele o desprezo nascido da arrogância.

— Bem, aqui estamos! — tornou ele, permanecendo em pé e erguendo os ombros para vencer o silêncio opressor. Laura olhou o futuro noivo quase sitiada pela ira. A seguir disse:

— Senhor Étore! Permita-me ser sincera! Eu não desejo esse casamento e se vim até aqui foi para manifestar o meu repúdio a esse acordo aviltante de forma inequívoca!

— Ora! — surpreendeu-se agradavelmente Balesteri. — Então por que teu pai foi até minha casa fazer semelhante proposta? Somente para causar transtornos?

— Suponho que é porque ele não aceita o meu amor por Franco Pina!

— Franco Pina? Quem é esse?

— Atualmente é o responsável pelo jardim aqui de casa! Chegou recentemente de Turim!

Étore deu uma gargalhada estridente, quase escandalosa. Cruzou os braços e disse:

— Um jardineiro? Agora entendo a pressa do senhor Giácomo!

Laura levantou-se, furiosa com semelhante ironia e reagiu, sem ainda se dar conta da realidade:

— Não, ele é um jornalista! Mas está sendo perseguido em Milão por sua atuação política contra o imperador! É um patriota!

— Ah, sei! Um carbonário! Um jovem italiano! Um desses idealistas idiotas e românticos! Grande futuro te espera, senhorita Laura! Sinceramente, acho que tu tens um péssimo discernimento! Mas enfim, quem é rei nesses assuntos do coração?

Foi nesse instante que Laura percebeu a orientação sexual de Étore. Com a delicadeza que lhe era peculiar, indagou:

— O senhor é um maricas?

Étore continuou com os braços cruzados, como se estivesse se divertindo.

— Maravilha! Tu não és tão tonta quanto pareces!

Laura ficou possessa. Esticando os pés, numa posição de ataque, sentenciou:

— A nossa conversa está encerrada! Não há mais nada a ser dito!

A filha de Gualfrani ameaçou uma retirada, mas Étore segurou-lhe o braço. Em instantes, um plano audacioso brotara em sua mente. Era algo arriscado. Contudo, se desse certo, poderia fazer a felicidade de todos e atender as exigências impostas pela sociedade.

— Espera! — disse ele. — Eu tenho uma proposta para te fazer!

Laura se desvencilhou da mão do rapaz.

— Não estou interessada em nenhuma proposta que possa vir do senhor!

— É algo que pode ser bom para todos nós!

A resistência de Laura esmoreceu e ela esperou, passivamente, que Étore prosseguisse. Afinal, nada tinha a perder.

— O que é?

— Minha cara Laura! Nós dois sabemos que o teu pai jamais vai aceitar o teu casamento com o jardineiro!

— Jornalista! — corrigiu ela.

— Que seja! Mas se assim não o fosse, ele não iria até a minha casa! Aceitaria com naturalidade a preferência da filha e não teria de apelar para um acordo bobo como o que fez com o meu finado pai! Para negar-te um desejo desses, é óbvio que o senhor Gualfrani tem uma ojeriza muito forte por esse cavalheiro! E eu sempre soube que o teu pai é inflexível em suas opiniões! Não tem o hábito de mudar de idéia! É verdade o que estou falando ou não é?

Laura quedou-se em silêncio, a confirmar, com a ausência de palavras, as observações de Étore.

— Pois então! Ele não vai aceitar o teu amado, com certeza!

— Pouco me importa! — esbravejou a moça, intempestiva. — Eu serei mulher dele com o consentimento de meu pai ou sem! Eu pertenço a Franco! Hoje pertenço e sempre pertencerei a Franco!

Étore lançou no ar uma expressão de mofa, ao sentir que Laura havia se traído com palavras mal ponderadas.

— Pertences a ele? O que queres dizer? Ora, ora, acho que o caso é mais complexo do que pensava!

Percebendo que falara demais, Laura tentou se defender:

— O que o senhor acha não importa!

— Mas o que o comendador acha, importa, e muito! Imaginemos se eu saísse daqui agora e levantasse essa questão para o teu pai! Penso que a reação dele não seria nada boa...

— Imbecil! — gritou Laura, acuada, pronta para a agressão física. Étore, porém, não se abalou. Aquele fato inesperado conjugava-se perfeitamente com suas intenções.

— Será que tu podes baixar o tom da voz? Não quero te prejudicar! Pelo contrário, quero te ajudar, caríssima!

Ao ouvir a expressão "ajudar", Laura tentou se controlar. Ela ofegava quando perguntou:

— Ajudar-me? Como?

Étore andou em direção à porta e depois, voltando-se, sentou na poltrona. Parecia bastante tranqüilo, sentindo-se senhor da situação.

— Na verdade, seria uma... Digamos... Uma troca... Um auxílio recíproco! Agora que ambos sabemos exatamente com o quê e com quem estamos lidando, poderíamos nos unir, ao invés de nos destruirmos mutuamente!

— Não vejo como podemos nos ajudar, senhor Étore! Nada temos em comum!

— É claro que temos, caríssima! Nós dois sofremos com o mundo lá fora querendo nos devorar! Querendo impor seus princípios, suas normas hipócritas e suas leis arcaicas! É justo, pois, que nós o enganemos!

— O que queres dizer? O senhor poderia ser mais objetivo? Não gosto de enigmas!

Étore bufou. Laura era uma mulher tão complicada quanto sua mãe.

— Serei direto! Eu te proponho um casamento de fachada! Nós faríamos o evento do ano, com festa, baile, noite de núpcias e tudo mais! Teu pai ficaria contente e minha mãe satisfeita! Depois iríamos para longe! Roma, se preferires! Um lugar no qual ninguém nos conheça! Lá terias a tua liberdade de volta! Senão na teoria, ao menos na prática! Isso me ajudaria muito! Desapareceriam as suspeitas que aqui pairam sobre a minha cabeça! Para vós seria a redenção, a liberdade! É claro que não me importarei com o teu amante, desde que tu tenhas uma certa discrição, uma discrição tão efetiva quanto a minha própria!

Um silêncio de morte caiu no aposento. Laura estava ruborizada.

— O que te parece? — indagou Étore, como se o projeto fosse algo simples e banal.

A alma de Laura começou a se contorcer no corpo, imprimindo-lhe uma expressão feroz. Uma repulsa abjeta encheu-lhe a mente enojada. Seu olhar celeste cravou-se no semblante sereno e superior de Étore. Transmitiu uma raiva tão grande que abalou a suposta segurança do filho de Nicole.

— O que me parece? Uma chantagem, eis o que me parece! Algo sórdido, ridículo! Nenhum homem com um mínimo de honra e dignidade ousaria fazer uma oferta dessas! Ah, mas esqueci: o senhor não é homem!

Desta feita foi Étore quem pareceu desequilibrar-se. Franzindo as sobrancelhas, replicou asperamente:

— Honra? Dignidade? Tu achas que estás na categoria das santas para ofender-me dessa forma? Não és melhor do que eu! Tens a honra manchada, estragada por um lacaio de jardim! E se te prestas a analisar com tanto mérito a ti mesma, tal avaliação não será estendida ao teu futuro marido! Seria uma delícia ver-te empenhando esforços para salvar o jardineiro do ostracismo ou da morte! E o escândalo, hem? Pobre senhor Gualfrani! Uma palavra minha e tudo pelo o quê labutou a vida inteira estaria destruído!

— Se um acordo contigo é o preço da minha felicidade, prefiro manter-me solteira!

Étore voltou a sorrir, pois percebeu que Laura se assustara ao ver a possibilidade bem concreta de ser acusada diante do pai. Ela sentiu que Étore era capaz de tudo para se safar. Nisso estava certa. Revoltado com a vida, a noção do certo e do errado desmoronara dentro da alma do rapaz. Se necessário, ele iria à guerra. Era um conceito que aprendera com a mãe. No desespero, um homem usa as armas que tem. Mas por enquanto, ele achava que impingir uma humilhação à Laura seria o suficiente. Por isso argumentou:

— O que não quer dizer casta, não é? Quando uma gravidez infamante ocorrer, entenderás o que é realmente a desonra!

— Agradeço a tua preocupação! Mas sei cuidar de mim mesma!

— Tola! Não estás pensando direito! Abraçarás a desgraça! E então, quando o jardineiro tiver te abandonado... — nesse ponto Balesteri fez uma pausa e uma inflexão estranha na voz, como se estivesse pronunciando um vaticínio — Pois sim, ele vai te abandonar como se faz a uma mulher perdida! Nesse dia, lamentarás amargamente ter recusado a minha proposta! Bem, de qualquer forma, eu estou livre! Direi à minha mãe, que tu tinhas outras idéias em mente! Farei mais! Direi isso também ao teu pai! Mas não te preocupes! Nunca contarei o que aqui se passou! Para o nosso bem, espero que tu faças o mesmo! Porque se eu desconfiar de uma deslealdade, não hesitarei em revelar o que sei!

E dizendo isso, Balesteri foi até a porta, apanhou o chapéu e retirou-se, dizendo:

— Passar bem, senhorita Laura!

Balesteri, porém, não foi embora direto. Procurou Giácomo e comunicou que abdicava de suas pretensões a genro. Ofereceu os argumentos de que eles eram muito diferentes e que ainda não estavam preparados para tamanha responsabilidade.

Étore delicadamente eximiu Laura de qualquer culpa. Como um cavalheiro, chamou para si a responsabilidade pelo fracasso.

Gualfrani entendeu que Étore estava sendo polido para proteger Laura e se encheu de vergonha. Para ele, a recusa de sua filha por causa de Pina era uma tremenda humilhação. Mas, por enquanto, nada podia fazer.

Em rápidas palavras Étore se despediu, interiormente bem satisfeito. Solucionara um problema que o havia atormentado bastante. Contara para isso com a sorte. O fato da filha de Gualfrani estar apaixonada por outro homem tinha sido um prêmio inesperado.

Já no coche ele riu, bastante feliz com o desenlace favorável que conseguira e com a humilhação que lançara à face de uma presunçosa como Laura. Doravante, estaria livre para seguir o destino que quisesse.

Todavia, ao contrário do que pensava naquele momento, essa não seria a última vez que o seu caminho cruzaria com o da filha do comendador Giácomo Gualfrani...

Capítulo Décimo Primeiro

Fugindo

O patriarca entrou no escritório sem bater. Laura chorava no colo de Romana, tendo revelado à improvisada confessora, o envolvimento com Franco Pina, o deslize nas palavras e a proposta indecente de Étore Balesteri.

Romana ficou consternada diante de tão delicada situação. A preceptora era, como não poderia deixar de ser, uma mulher conservadora ao extremo. Contudo, o amor que dedicava a Laura exacerbava sua tolerância. Todas as atitudes daquela menina que criara como se fosse sua própria filha, eram passíveis de perdão. Ela havia percebido, do lado de fora do escritório, que a conversa não evoluíra para um entendimento. Entretanto, estava longe de imaginar que a desavença tivesse atingido semelhante estágio de degradação.

Sem ter muito o quê dizer, Romana tentava consolar Laura. A jovem aproveitava-se desse apoio incondicional para dar vazão a certos gestos dramáticos e teatrais, enfatizando com clareza a sua desdita.

A velha professora ficou assustada ao ver Gualfrani rompendo pelo escritório como um raio. O comendador, embora nunca tivesse sido, aos seus olhos, um homem de muitos sorrisos, jamais se mostrara tão irritado. Nem precisou pedir a preceptora para que se retirasse. Erguendo a cabeça de Laura e enxugando-lhe as lágrimas, Romana disse, com doçura:

— Teu pai deseja conversar contigo! Estarei aí fora, se precisares de mim!

Giácomo fechou a porta com energia quando a empregada saiu. Laura sentou-se no sofá, olhar confuso pousado sobre o pai, que vociferou:

— Insensata! O que fizeste? Estragaste tudo! Tu não viste o meu afinco para convencer Nicole a aceitar esse enlace? Eu tive de engolir muitas grosserias; suportar o mau humor daquela mula! Se considerasse o meu esforço, a senhorita poderia, ao menos, ter se empenhado um pouquinho para aceitar o Étore! Mas não! Preferiste jogar tudo fora por causa de um oportunista como Pina!

Laura entrou em desespero, pensando que Étore havia falado sobre o seu envolvimento com o jornalista. Sentindo-se traída, ela revidou, sem pensar muito:

— Acaso sou eu a insensata, pai? É esse o casamento que o senhor arranjou para mim? Com um noivo que nem homem é?

Giácomo pareceu um pouco surpreso e amainou temporariamente a cólera.

— O que queres dizer?

— O senhor não percebeu nada de errado em Étore? É um afeminado!

Perturbado, Giácomo tentou defender o futuro genro:

— Estás enganada, Laura! Ele é delicado, eu concordo, mas isso é fruto da educação que recebeu! Étore foi muito protegido pela mãe e pela avó!

— Ele não é delicado, pai! — gritou Laura, exasperada — Ele é um afeminado! É um maricas!

— Não pode ser! — tornou Giácomo, atordoado — Se é assim, por que ele concordou em se casar?

— Para acobertar essa situação, papa! O senhor não percebe que ele iria me usar?

A postura de Giácomo Gualfrani mudou. Ou ao menos o foco de sua ira. Agora ele justificava a filha, perdoando-a totalmente. Perceber-se ludibriado por Nicole Balesteri o enchia de fúria. Ainda assim, achou justo averiguar.

— Tu estás certa do que falas, Laura? Isso pode ser uma calúnia ou invenção de pessoas maledicentes!

— Não papa! — insistiu ela — Étore mesmo me confessou que seu gosto se volta para homens!

Giácomo socou a palma da mão, exclamando:

— Pederasta maldito! Pagarás caro por me tomar como um tolo! Eu vou falar com Nicole hoje mesmo! Esperarei a volta de Pina e chamarei teus irmãos para resolver esse ultraje! Isso não ficará assim!

Laura lograra êxito ao desviar as baterias contra Étore. Sentiu, porém, que havia algo errado, porque seu pai citara o nome de Pina sem demonstrar raiva alguma. O arremate final de Gualfrani a deixou ainda mais preocupada:

— E eu aqui, pensando que tu o tinhas recusado por causa do Franco Pina! Então foi isso o que ele quis dizer com: "Nós somos diferentes! Laura não tem culpa alguma! Acho que eu não a faria feliz!".

— Foi só isso o que ele disse?

— Foi! E mais umas bobagens de se tornar artista em Roma e ter uma vida aprazível! Coisas assim! Ele deve pensar que é um novo Michelangelo ou um Rafael!

Nesse instante Laura compreendeu o tamanho de sua precipitação. Ela percebeu que Étore realmente nada falara a respeito do seu caso com Franco. Sabendo que se fosse acuado, o filho de Faustino revelaria o segredo, Laura tentou apaziguar o ânimo paterno:

— Perdoa, papa! Deixemos isso para trás! Já passou! Semelhante coisa não tem importância para nós!

A face de Giácomo estava transtornada pelo ridículo que suportara. Nada o irritava mais do que ser enganado. Sendo um homem de honra e moral impolutas, Giácomo tinha extrema dificuldade em aceitar as falhas no caráter de outrem. Virando-se para a filha, ele asseverou, antes de sair:

— Não deixarei isso passar! Por minha honra, juro que não descansarei enquanto não esmagar aquela presunçosa da Nicole! Agora compreendo a morte súbita de Faustino! Ele não iria suportar tamanho desgosto! Foi bom que tenha morrido! Mas eu juro que aquele rapazote irá conhecer o peso da minha mão! Vamos ver se ele vira homem ou não! Vai saber que não se brinca com essas coisas!

A seguir, Giácomo fez a porta estremecer uma outra vez. Laura entendeu que a situação fugira completamente do controle e ela não estava disposta a suportar as conseqüências de sua falta. Com a desgraça entrando em trabalho de parto, a jovem caiu em desespero. Na certa o escândalo provocaria uma sucessão de desastres difíceis de conjurar.

Quando Franco Pina chegou, Gualfrani pediu a ele a charrete e saiu em busca de seus filhos. Giovanni ele encontrou fácil, pescando no lago. Mas Antônio ausentara-se para auxiliar alguns pacientes na zona rural.

Ao perceber que o pai saíra, Laura correu para um aposento anexo, que era um depósito de livros, quase uma biblioteca. Ela sabia que seu pai guardava ali uma pistola. A jovem procurou pela arma e, não a encontrando em lugar algum, temeu pelo pior.

Sem se importar com Romana ou com Leopoldo, correu até a cabana de Pina. Este estava tranqüilo, trocando-se para retornar ao trabalho no jardim. Pina dispunha-se a brincar com Laura a respeito da virilidade de seu futuro marido. Mas ao notar a expressão aflita da jovem, compreendeu que algo ocorrera, pois associara o fato à pressa do comendador em requisitar o coche.

Esbaforida, sem perder tempo, Laura contou o que se passava para o rapaz. Pina foi empalidecendo a cada palavra e ao final da narrativa, declarou:

— Não é possível que tenhas agido tão impensadamente, Laura! Agora tudo está perdido!

E dizendo isso, Pina largou seus apetrechos, rumando para o barracão.

— Aonde vais? — indagou Laura.

— Onde achas que eu vou? Embora! Se teu amigo contar o que aconteceu entre nós para o teu pai, minha vida não valerá nada!

Laura correu até o carbonário e jogando-se de joelhos, agarrou-se à sua cintura, implorando:

— Não, Franco! Nós podemos casar! Meu pai aceitará!

Afrouxando as mãos da jovem, Pina rebateu:

— Casar? Reflete melhor, Laura! Teu pai me odeia! Ele só me tolera aqui por causa do padre Pietro! Ele nunca vai me aceitar como genro! E se souber o que nós fizemos, terá um motivo a mais para me matar! Sinto muito, mas amo demais a minha pele para me arriscar em um negócio desses!

— E quanto a mim? Tu me deixarás aqui, desonrada e solitária?

As palavras de Laura estavam repletas de emoção. Ela chorava. Franco pareceu comover-se. Levantou-a, tentando minimizar a impressão humilhante.

— Não posso te levar! Eu não tenho recursos ou como te sustentar! Minha vida é errante! Como poderia te proteger? Quando estiver em condições, voltarei!

Uma súbita luz percorreu a mente nervosa de Laura. Ela estava disposta a tudo. Ao se envolver com Pina apostara alto. Não iria desistir agora.

— Quanto a isso, podemos dar um jeito!

— Podemos? — redargüiu Pina, curioso.

— Sim! Eu tenho algum dinheiro guardado! O suficiente para uma viagem! E sei também onde está o cofre do meu pai!

— Isso é roubo!

— Não, Franco! É o preço da felicidade!

— Tu conseguirias?

— Sim! Arruma tuas coisas! Eu já volto!

E Laura retornou, correndo, para casa. Pediu a Romana que fizesse uma bagagem de mão. A seguir, foi até a biblioteca, tirou um quadro de sua mãe da parede. Por um instante, contemplou os olhos de Laurinda. Desviou-se deles e concentrou sua atenção no segredo. Em segundos o cofre estava aberto. Laura tirou um maço de notas. Eram libras esterlinas e francos franceses. Ela colocou o volumoso bolo de cédulas numa sacola. Subiu ao quarto, para ajudar a professora. Romana suplicava à jovem para salvar-se pela ponderação e pelo equilíbrio. Mas a esta altura ambos já estavam mortos, assassinados pela realidade impiedosa. Abraçando Romana pela vez derradeira, a jovem rogou que a empregada transmitisse suas desculpas ao pai e aos irmãos. Comunicou ainda que seguiria para Gênova. Isso era uma pista falsa. Uma última mentira...

Romana chorava muito e tentava convencer a menina a não cometer semelhante loucura. Sustentava ainda que essa desgraça mataria Giácomo. Laura beijou as mãos da professora e correu para Pina. O jardineiro contemplou o dinheiro, assombrado com a enorme quantia. Em quase uma hora eles atingiram um atracadouro, distante três quilômetros da casa dos Gualfrani.

O barqueiro reconheceu a jovem, mas sendo regiamente pago para sumir com o cavalo e manter o segredo, concordou em levar o casal para a outra margem do lago. A fronteira não distava muito e logo eles entraram na República Helvética. Ao cruzar os limites do reino, Laura olhou para um mundo que ficava para trás, desmoronado.

Uma sensação indefinível agitava-lhe a alma e ela rezava para que aquela aventura a tornasse feliz. Afortunadamente, aos mortais o futuro é oculto. Porque, se não o fosse, ao avançar pela estrada escura, o homem teria razões de sobra para temer o abismo que não pode enxergar.

Fim da Primeira Parte

SEGUNDA PARTE

"Bom e valoroso é aquele que é tentado,
mas não cai no vício"

Célio Devenat

Capítulo Primeiro

Traumas

Giácomo Gualfrani demorou um longo tempo para localizar Antônio. Finalmente encontrou-o na casa de camponeses miseráveis.

Em rápidas palavras, Giácomo explicou ao filho mais velho o que se sucedia. Mas Antônio não correspondeu às expectativas paternas. Levando o pai para fora da cabana, explicou:

— Papa, reconheço que a situação é grave, mas não posso sair daqui agora! O senhor Rogério está mal! Não vai durar muito! Devo permanecer e prestar o socorro necessário! Essa gente precisa de mim!

Gualfrani trincou os dentes, espumando de raiva:

— Tu deves apoiar a nossa família antes de tudo! Afinal, o que podes fazer por esse homem? Não vais salvar o desgraçado! Nós sofremos um agravo e tu só pensas nos outros?

— O senhor não acha que está levando isso a sério demais? A tua proposta não deu certo. E daí? Laura é bonita! Terá outros pretendentes! O escândalo só aumentará a repercussão do fato!

— E a nossa honra, Antônio? O que é uma família sem honra? Fomos feitos de tolos!

O jovem facultativo balançou a cabeça, discordando do pai, mas não retrucou. Gualfrani abriu o paletó, mostrando a pistola. Deixava claro que estava disposto a levar a revanche até as últimas conseqüências. Antônio viu a arma e comentou:

— Não é se sujando com sangue que lavamos a nossa honra, pai!

Gualfrani deu dois passos para trás. Encontrou o rosto sereno e belo de Antônio, cujos olhos, azuis como os de Laura, transmitiam equilíbrio e uma suprema calma.

— Tu falas igual a um padre! Eu te entendo, mas resolverei as coisas do meu jeito!

E dito isso, Giácomo avançou para o coche. Antônio segurou Giovanni pelo braço e recomendou:

— Giovanni, não deixes que o nosso pai faça uma bobagem!

O caçula, que testemunhara a conversa em silêncio, era um rapaz que tinha um ardor romântico por combates. Mas seu conceito de honra estava vinculado a um ideal maior. De forma alguma ele se sentia atraído por vinganças mesquinhas.

— Fica tranqüilo, mano! Não deixarei qualquer bobagem acontecer! Eu duvido que ele vá se abeirar a extremos! Decerto será duro com a senhora Balesteri e com o Étore, mas não irá além disso! Mesmo porque eu não permitirei! O papa está velho demais para duelar...

Antônio esboçou um sorriso desconcertado ao ouvir seu pai gritar:

— Vamos Giovanni!

Em menos de uma hora pai e filho chegaram a antiga residência de Faustino. Olhando-se de fora, o ambiente parecia tranqüilo. Na verdade, Étore conseguira desarmar a mãe, ao narrar-lhe quase tudo o que se passara entre ele e Laura.

A princípio, Nicole se desesperou, mas quando ouviu as pesadas suspeitas de que Laura não era pura conforme convinha a uma esposa decente, respirou aliviada. Sentiu que em caso de emergência, ela poderia jogar a responsabilidade do malogro nas costas da volúvel filha de Giácomo. Considerava que aquilo era muita sorte e que a moral de sua família não sofreria qualquer dano.

É claro que Étore não avisara para sua mãe de que a filha de Gualfrani já sabia a respeito de seus pendores amorosos. Mas ao fornecer a Nicole as armas necessárias para possíveis eventualidades, conseguira tranqüilizá-la o suficiente para evitar uma discussão.

Essa tranqüilidade se esvaiu completamente quando Giácomo apareceu à porta, junto com Giovanni. Ele estava com cara de poucos amigos, de forma que Nicole se preparou para a luta.

— Senhor Gualfrani... — tornou a viúva, parecendo esperar aquela visita.

— Precisamos conversar!

Nicole abriu espaço e recebeu o amigo de seu finado marido na sala. Roberto estava com ela, mas Nicole não o despachou. Necessitava que ele ali ficasse para testemunhar.

Depois de se acomodar, Giácomo começou seu discurso, em tom duro e severo:

— Senhora Balesteri, eu venho aqui para tratar de um assunto extremamente desagradável! Gostaria de que seu outro filho estivesse presente, pois ele será o ponto central dessa conversa!

Nicole não se sentara. Permanecia em pé, não muito distante de Giovanni, que segurava a boina na mão, olhar baixo e introspectivo, como se participasse a contragosto daquela reunião.

— Étore não está, senhor Gualfrani! — respondeu a matrona, no mesmo tom de desafio e confronto. Ela entendeu que a guerra estava declarada. Mas não lançou ao combate todas as suas forças. Guardou a destruição para o final e disse, maliciosamente:

— Ele saiu para se acalmar!

Roberto fitou a mãe, em silêncio. Ele sabia que Étore estava em seu quarto e que, portanto, aquela informação não correspondia a verdade.

— Acalmar-se? — estranhou Giácomo, pressentindo revelações que denunciavam um ataque inesperado. Refez-se em um segundo, porém.

— Acalmar-se por quê? — o olhar dardejante de ironia do comendador atravessou o ar e chocou-se com a expressão glacial de Nicole.

— Ele ficou muito abalado com as palavras de Laura!

— Abalado? Decerto! Minha filha estava furiosa!

— Furiosa? Não, senhor Gualfrani! Ela não estava furiosa!

— O que queres dizer, Nicole? Não sabes o que aconteceu?

A viúva de Faustino percebeu que Étore tinha sido descoberto. Portanto, era necessário agora manobrar com muita cautela. Ainda teve um derradeiro gesto de boa vontade e fez uma tácita proposta de paz.

— É melhor que acreditemos que houve apenas um conflito de interesses!

— É um belo nome para se dar ao desastre e ao engodo! Mas não foi isso o que aconteceu!

Nicole entendeu que não haveria paz, nem acordo, nem silêncio, nem esquecimento. Ela mordeu os lábios, preparando-se para soltar as amarras de sua fúria.

Gualfrani levantou-se. Estava muito irritado. Queria colocar a situação em pratos limpos, falar tudo o que sentia. Mirou Roberto e aconselhou:

— É melhor que o jovem saia! O que vou dizer não convém a adolescentes ouvir!

— O senhor pode falar o que quer que seja à vontade! Não há segredos em minha casa!

Gualfrani rodeou pela sala, traçando passos largos, como se hesitasse.

— E? — perguntou a viúva, incitando o comendador. Ela preparava o caminho que o faria cair na armadilha. Gualfrani, certo de que era o predador, deu o bote:

— Nicole, o Étore é afetado?

A mulher simulou um gesto de amargo espanto. Para surpresa de Giácomo, em um segundo ela mudou de postura e afirmou, com a convicção filha da necessidade:

— Por Deus, não! Meu filho é um jovem educado! Não é como esses grossos daqui, que nunca viram um livro! Étore é um artista... Que ofensa é essa, senhor Gualfrani?

— Gostaria de ter a tua certeza e ouvir essa afirmação da boca dele!

— O senhor não me ofenda mais, por favor! Eu sei o que digo!

— Verdade? Ou finges, para se proteger de um escândalo?

— Nós não precisamos nos proteger de coisa alguma! Quem lançou semelhante calúnia? Tua filha? Sim... Foi Laura, não é mesmo?

Giácomo fez uma pausa silenciosa. Não havia percebido que a armadilha se fechara e que ele estava preso.

— Hum! Não me causa espanto! Laura tinha de se defender!

Giovanni agora ergueu a cabeça, perplexo como o pai.

— Como assim, se defender? — questionou o comendador.

Nicole caminhou até Giovanni, mas não parou. Dirigiu-se para Giácomo e segurou-lhe a mão, como se o estivesse preparando para o pior. Esboçou um olhar pleno de falsa piedade e disse:

— Então o senhor está inocente nessa estória? Realmente não sabe de nada? Eu pensei...

As reticências calculadas da viúva destilavam um veneno mortal. Giácomo balançou a cabeça:

— Não sei o quê? Eu não entendo o que a senhora está dizendo...

Nicole fez um gesto dramático, passando o braço livre sobre a testa para que o pai de Laura não percebesse sua atitude dissimulada.

— Então eu realmente te devo minhas desculpas, comendador! Porque pensei que o senhor tivesse feito a proposta do casamento de caso pensado...

— Afinal, o que tu estás a insinuar, Nicole?

— O senhor não deve se abalar com o que vou dizer! Não é a primeira vez que isso acontece e certamente não será a última!

Giácomo agora desenhava esgares em seu rosto lívido. Não conseguiu articular nenhum argumento e permaneceu atordoado.

— A verdade, comendador, é que Laura está tendo um envolvimento "profundo" — e Nicole frisou essa palavra — com o rapaz que me trouxe até em casa hoje! Aquele jardineiro! O nome me escapa... Acho que é Francesco!

— Franco! — corrigiu Giovanni.

— Isso! — confirmou a mãe de Étore.

Giácomo reagiu como se tivesse sido picado por uma cobra. Retirou sua mão e caminhando para trás, clamou:

— Mentira! Isso é mentira!

— Gostaria que fosse, meu amigo! Mas foi ela quem pediu para que meu filho renunciasse ao casamento, pois está apaixonada pelo jardineiro. E sinceramente, temo que o pior já tenha acontecido! Nessas condições, o que restava para Étore? Ele ficou muito aborrecido, coitado! Pois simpatizava com a idéia! E com Laura! O senhor bem pode imaginar que falo a verdade, porque eu não teria como saber disso tudo!

Nicole blefara. Ela não tinha certeza se Laura e Pina tinham de fato um relacionamento mais íntimo. Étore, no entanto, lhe garantira que eles eram amantes consumados. Para sorte de Nicole, seu tiro acertara na mosca.

Giácomo se descontrolou completamente. Levou as mãos à cabeça e gritou:

— Mentira! Mentira! É um ultraje! É um ultraje! — e a seguir, quase aos berros, ameaçou:

— Queira Deus que a senhora esteja falando a verdade, pois do contrário chamarei teu filho para o campo da honra, por difamar uma jovem de pureza comprovada!

— Pode conferir, senhor Gualfrani! E se ela não estiver apaixonada pelo jardineiro, é só dizer! Meu filho aceitará desposá-la, desde é claro, que ela seja realmente pura! Vejamos como sua filha reage! Vejamos quem realmente foi enganado!

Gualfrani saiu da residência sem saber como. Ele estava enlouquecido. Giovanni, desconcertado, despediu-se com um ligeiro aceno de cabeça, acompanhando o pai.

Um minuto depois, Étore apareceu na sala.

— E aí?

Nicole sorriu, sardônica.

— Não te preocupes, meu filho! Giácomo não pensará mais em ti! Decerto ele terá de resolver problemas maiores!

Um silêncio pesado caiu no ambiente. Nicole voltou-se para o filho e fez uma última verificação:

— Tu tens certeza de que Laura se envolveu com o rapaz?

— Ela deixou transparecer claramente que sim, mãe! É quase certo!

— Então eles não vão mais nos aborrecer!

Nicole pegou o jornal. Tranqüilamente sentou-se na poltrona. Vendo que Roberto a contemplava, perplexo, ela indagou, feliz:

— O que foi?

Capítulo Segundo

A Descoberta

Gualfrani chegou em casa apavorado com a eventual realidade e por ter de enfrentá-la abertamente. Estava tão transtornado que seus olhos mantinham uma estranha névoa de alheamento. Ele jamais gostara de Franco Pina. Agora, porém, sentia ímpetos de matá-lo a sangue frio, sem possibilidades de defesa. Aquelas palavras fatídicas de Nicole reverberavam em sua mente: "Temo que o pior já tenha ocorrido!" A frase repetia-se a todo segundo, sem parar. O comendador imaginava se seria possível à mãe de Étore ter inventado tamanha calúnia. No íntimo, Gualfrani sabia que Nicole não estava mentindo. De alguma forma, ela tinha tido acesso àquelas informações. Restava-lhe a esperança de que Pina, ao levá-la para casa, tivesse comentado algo. E ela, precisando proteger a si e a seu filho, desvirtuara a estória, corrompendo-a com a lama podre de seus baixos instintos de sobrevivência. Caso assim não fosse, Gualfrani nem imaginava como proceder. Matar Pina seria um ato extremo, mas talvez necessário. A outra opção era forçar o jornalista a se casar com Laura. E embora isso lhe repugnasse a alma, embotando-a de ódio, Gualfrani cogitava que, se todas aquelas acusações fossem verdadeiras, esta seria a única saída civilizada e honrosa que restara.

Giovanni conduzia o veículo e olhava o pai, algo assustado. Nunca o vira daquele jeito. Severo, Giácomo raramente brincava. Mas por detrás daquela expressão austera, um pingo carinhoso de doçura sempre se irradiava da face de seu pai. Não naquele momento. Giovanni considerou que o pai, agora, parecia uma estátua de mármore; sua face não transmitia expressão alguma. O irmão de Laura percebia que os princípios morais de seu pai; os princípios de cristão, de católico, estavam esmagados pelo peso do orgulho.

Quando o pequeno coche passou pelo portão, Giácomo olhou fixamente para a cabana de Pina. Não o avistou ali. O veículo foi em frente e Giácomo ordenou que Giovanni estacionasse no pátio. Surpreendido, o comendador notou que Leopoldo o esperava. Romana, ao ouvir o gemido das lajes, saiu. Um lenço enxugava-lhe o pranto.

— Dom Giácomo! Dom Giácomo! — gritou a professora, descendo os degraus. Ela demonstrava grande aflição. O coração do comendador bateu aceleradamente, como se pressentisse que nada de bom poderia vir de uma manifestação daquelas.

Mais rápido do que se poderia esperar para um homem de sua idade e corpulência, Giácomo pulou do veículo e inquiriu, apreensivo:

— O que se passa, Romana?

— Uma desgraça, patrão! Uma desgraça! A menina Laura!

— Laura? O que tem ela?

A voz de Giácomo Gualfrani era hesitante, revelando que ele temia pelo desconhecido. Seus sentimentos mudavam a cada segundo, como dunas arrastadas pelas tormentas da vida.

— Ela partiu! Ela fugiu com Franco! Nós tentamos dissuadí-la, mas...

Gualfrani ouviu apenas até aí. Depois, as inúteis explicações de Romana se fundiram em uma cacofonia de desastre. O mundo do comendador esboroava-se fragorosamente. Nicole tinha razão. Vergonha! Vergonha! Humilhação! Os destroços do orgulho se espalhavam por todos os lados. Pisando neles, Gualfrani buscou apoiar-se em um dos cavalos. Sua mente girava, confusa. Sem saber como e o porquê, recordou-se de Laura quando criança. Seus mimos, suas brincadeiras, sua graciosidade infantil. A dificuldade dele como viúvo em criá-la sozinho, sem poder entregar-se a novos projetos matrimoniais para não impor à filha alguém que fizesse sombra à mãe morta. Então vieram os estudos, a largueza intelectual, o gênio doce e voluntarioso que ele não conseguira dobrar. Sentindo que fracassara como pai, ele pensou em Laurinda e rogou-lhe perdão pela falha.

Tudo isso se passou de forma quase instantânea, sob a atenção preocupada de Giovanni, que viu o pai se agarrar mais fortemente ao cavalo, dando a impressão de que sucumbiria a uma síncope.

De fato, o comendador sentia-se mal. Seus olhos ficaram vidrados e ele pressionou a destra contra o peito. Teve a impressão de ter levado uma martelada em pleno coração. Sentiu um súbito enregelar. O ar lhe faltou e luzes coloridas passaram a piscar sobre um fundo que se enegrecia.

Sua mão escorregou pelo pescoço do animal, enquanto o chão parecia sumir sob seus pés. Nesse momento, vários braços o seguraram fortemente, pronunciando palavras que ele não conseguia entender. No meio desse caos, teve a impressão de ver Laurinda, sua saudosa esposa. Mas foi uma impressão rápida, fugidia, que se desfez diante da preocupação de Giovanni:

— Pai! Pai! O que foi?

Como se tivesse sido puxado drasticamente para fora de um poço, Gualfrani esboçou uma reação confusa:

— Laurinda, eu não me sinto bem!

Diante da referência à mãe falecida, Giovanni teve certeza de que seu pai estava com sérios problemas, porquanto ele jamais tocava no nome dela, se não fosse absolutamente necessário.

— Calma! Vamos para dentro, pai! Leopoldo, acode aqui!

Auxiliado pelo empregado, Giovanni levou o comendador até o quarto e o deixou na casa. A seguir, exigiu que Leopoldo ficasse velando o doente e foi buscar Antônio.

Desta feita, inteirado dos fatos, o primogênito teve de se envolver nos assuntos familiares e abandonou temporariamente sua obrigação profissional.

No retorno dos filhos, a situação de Giácomo já estava mais controlada. Apesar de muito abalado, respirava melhor, embora singultos sibilantes ainda fossem ouvidos de quando em quando.

Leopoldo havia se postado aos pés do querido patrão, cuidando para que nada lhe faltasse. Romana providenciara álcool e panos quentes, aplicados diretamente sobre o peito e pulsos do enfermo, na esperança de minorar-lhe a angústia.

Giácomo tentou dormir. Não conseguiu. Também não conseguiu chorar. Sua alma estava convulsionada, como se aquilo fosse um pesadelo do qual não acordasse nunca.

Antônio chegou e encontrando o ambiente mergulhado na penumbra, tomou as primeiras providências. Certificou-se de que o coração de seu pai falhara sob o efeito de uma cardiopatia grave. As palpitações eram perceptíveis para qualquer leigo.

Ao ver o filho médico, tratando-o com pungente carinho, Giácomo não resistiu e finalmente desabou. Um choro convulso explodiu com a força demolidora de um vulcão. Constrangido, sabendo que o pai odiava aquelas cenas, Antônio pediu aos empregados que se retirassem. Apenas ele e Giovanni presenciariam a avalanche que descia na forma de palavras desordenadas:

— Tu viste o que Laura nos fez, Antônio? Tu viste?

— Sim pai, eu vi! Agora, porém, devemos perdoar, esquecer! Ela deve ter tido os seus motivos!

— Ah, Antônio! Tu és mesmo muito inocente! Ela não merece o perdão!

— Pai! — interrompeu Giovanni — Se o senhor quiser eu vou atrás deles! Eles não devem estar longe!

Giácomo refletiu ligeiramente. A seguir, sem controlar-se, meneou a cabeça e disse:

— Não! Tua irmã morreu! Para mim ela está mais morta do que o Césare! Eu vos proíbo de tomar qualquer atitude em relação a ela! Laura não é mais uma Gualfrani! Agora é uma desclassificada! Uma perdida! Ela escolheu seu caminho! Que o siga até a última pedra de sua estrada! De hoje em diante esse nome deve ser banido de nossa memória! Que Laurinda, a vossa mãe, me perdoe, mas como homem honrado, jamais poderei aceitar!

Antônio e Giovanni entreolharam-se, compreendendo que para falar dos mortos, tantas vezes, contrariando velhos hábitos, o pai deles deveria estar realmente muito perturbado.

Eles não podiam saber que, a poucos metros, uma outra figura também se encontrava bastante perturbada. Era Laurinda que, alertada sobre os acontecimentos, voltava do mundo dos mortos para tentar auxiliar no que pudesse. Ela sabia que, na escola da vida, as lições não aprendidas são sempre retomadas pelo destino. E são repetidas até que as muralhas construídas pelo orgulho sejam destruídas pela violência persuasiva da dor.

Capítulo Terceiro

América

A viagem pela Europa Central não foi fácil para Franco Pina e Laura Gualfrani. Embora estivessem munidos de razoável quantia, os dialetos estranhos e a falta de documentos dificultaram a travessia pelos estados do centro europeu. Não poucas vezes o casal teve de subornar guardas alfandegários para que pudessem passar sem transtornos. Dos cantões suíços eles seguiram para o norte. Chegaram a Hamburgo, mas não encontraram lá nenhum navio que demandasse os Estados Unidos. Rumaram então para Bremen e ali se alojaram na segunda classe de um navio que seguia para a América.

Naquela época, o período do grande êxodo italiano ainda não se iniciara Assim como no Brasil e na Argentina, os italianos que se estabeleciam no novo mundo eram quase todos perseguidos políticos, proto-anarquistas e revolucionários.

De velhos amigos, Pina recebera as informações a respeito da república norte-americana. Apesar da diferença cultural, Pina imaginava, com realismo, que os Estados Unidos eram uma terra mais próspera e que propiciava maiores oportunidades aos emigrados europeus.

Antes da hospedaria Ellis[18] ser organizada, o processo de ingresso na antiga colônia britânica era totalmente desregulamentado. Não interessava ao governo criar embaraços à vinda de braços europeus que preenchessem os grandes espaços vazios do território americano. Dessa forma, levas de colonos alemães e irlandeses estavam se estabelecendo livremente no país, na década de 50 do século XIX. Os irlandeses eram maioria, porque uma grave crise de fome havia recentemente atingido a população da ilha. A praga das batatas ceifara milhões de vidas e desalojara outros tantos, sem que o insensível governo britânico tomasse providências. O resultado disso foi uma das maiores diásporas de que se tem notícia.

Ao aportarem em Nova York, os imigrantes eram apenas registrados e entregues à própria sorte, após passarem por um rápido exame médico, se o navio não estivesse submetido a uma quarentena sanitária.

Muitos avançavam para o oeste bravio, sobretudo os alemães. Os irlandeses, no entanto, preferiam as cidades, de forma que tanto Nova York como Boston concentravam grandes colônias desses hesitantes súditos ingleses.

Franco Pina e Laura Gualfrani aproveitaram a viagem como se estivessem em lua-de-mel. A jovem deleitava-se com cada segundo daquela aventura e não se atrevia a olhar para trás. Seu pai não era para ela senão uma tola lembrança. Definitivamente, não valia a pena preocupar-se com ele ou com o passado. Conscientemente, Laura sabia que seria renegada, mas não se importava com isso. Imaginava escrever um dia, para o pai, reportando seu paradeiro; mas isso só quando as mágoas já estivessem mortas ou esquecidas. Jamais lhe ocorria pedir desculpas, porque para ela, o pai errara em não aceitar Pina. Afinal, tudo poderia ter sido diferente se ele tivesse entendido seu amor.

---

[18] A hospedaria Ellis foi o centro de triagem dos imigrantes que chegavam a Nova York. Foi criada em 1892.

Por esses dias, o jovem milanês, seduzido em seus escrúpulos pela luxúria e pela beleza da filha de Giácomo, enchia de elogios e de carinhos a esposa. Isso fazia com que Laura se julgasse plenamente feliz, mesmo tendo diante de si a incerteza de uma nova realidade e de um novo país.

Pina a tranqüilizara, ao afirmar que tinha o endereço de um companheiro em Nova York. Esse amigo morava nas proximidades do que viria a ser hoje o distrito do Bronx, mas que na época era um subúrbio recortado por bosques e chácaras.

Assim, Laura estava certa de que tudo seguia conforme o planejado, mesmo quando se viram a sós no porto. Até ali, eles haviam se virado em francês, mas para a surpresa de ambos, na nova terra ninguém parecia apreciar a língua culta da Europa.

Desdobrando o papel com o endereço do amigo, Pina procurou um carro que os levasse até o local desejado. Não muito longe do cais, havia uma fileira de coches. Estes funcionavam como táxis para os estrangeiros. Pina pensava em ir até ali, quando um jovem, de pouco mais de vinte anos, que cortava e enrolava fumo em um cigarro artesanal, se aproximou. Seu semblante era negligente. Aparentava asseio apenas regular e um jeito ladino. Era decerto um típico vagabundo do porto, aquele tipo de homem que vive de pequenos expedientes e golpes constantes.

— Vós estais perdidos? — indagou, fazendo um gesto significativo com o canivete. Franco Pina era escolado demais no submundo para se iludir com uma figura daquelas. Fechando a expressão, o italiano fingiu não entender o idioma e a pergunta que lhe era dirigida. O estranho insistiu e sua atitude ficou mais abusada, como se estivesse ameaçando. Ele reiterou a pergunta, guardando o cigarro e mantendo a arma em riste.

Pina olhou em volta. Um grupo observava a cena, divertido, tentando imaginar qual seria a reação do estrangeiro diante do perigo. Tomada pelo medo, Laura encolheu-se atrás do marido. Franco, então, abriu o capote e mostrou para o agressor uma velha adaga da época da Criméia, deixando claro que resistiria a qualquer ação violenta. O pequeno delinqüente percebeu que o italiano estava disposto a brigar e vacilou por um segundo, enquanto atrás, o grupo, entre risos, exprimia uma espécie de apupo, como se estivesse incitando a luta. O rapaz não cresceu em ousadia. Pina era um oponente que não podia ser subestimado. Inerte, ele ouviu o italiano falar, firme:

— Não!

Nesse instante, um outro jovem se destacou da corja e avançando, disse:

— Fora Sean!

O vagabundo supostamente não queria ficar desmoralizado entre os seus companheiros de infâmia e tentou contestar, mas recebeu uma dura intimação para desistir. Lançando imprecações ao ar, juntou-se novamente à malta da qual saíra.

Pina agradeceu secamente ao homem que o ajudara, ainda sem ter muita certeza de que estava seguro.

— Vós precisais tomar cuidado! Essa área está cheia de pilantras!

Nem Pina nem Laura entenderam exatamente as palavras, mas compreenderam o que elas significavam.

— Eu posso vos ajudar? — indagou o estranho.

O italiano fez um sinal negativo. Mostrou que tomariam um veículo. O jovem, um irlandês chamado Brian O'Neil, apresentou-se, indicando que também ali havia perigo, porque não raro os condutores conduziam seus passageiros para armadilhas fatais. Segundo ele, os incautos eram mortos em troca de seus parcos pertences. Com alguma dificuldade, deu a entender que por alguns trocados os deixaria no destino que almejavam.

A princípio, Franco pensou em recusar, mas em um instante passou a considerar que Brian poderia ser útil para eles naquele momento. Depois de uma certa barganha, o irlandês concordou em levar o italiano até o endereço indicado por dois dólares, então um valor exorbitante. É claro que Sean e Brian estavam de conluio e aquele era um golpe comum que aplicavam a todos os recém-chegados, sem se exporem, necessariamente, às penas da lei. Mas disso, Pina só soube muito mais tarde.

Os italianos já tinham feito o câmbio de parte do dinheiro na Europa e aceitaram a proposta, acreditando que poderiam confiar no desconhecido que os protegeria naquela terra estranha e perigosa.

Brian O'Neil conduziu seus novos amigos até uma carroça guardada por homens de aspecto rude; viciados e bêbados inveterados. Novamente ali Pina temeu pela própria sorte e chegou a se arrepender de ter aceitado o trato. Todavia, ficou mais confiante quando viu O'Neil jogar um belíssimo porrete de madeira que tinha escondido sob o casaco na parte de trás do veículo.

Depois de quase uma hora de marcha, numa estrada terrível e que incluiu uma travessia de balsa, eles chegaram ao endereço indicado. Franco Pina desceu. Tratava-se de uma casa isolada, quase em ruínas, mal feita e mal cuidada.

O'Neil desceu com o italiano e bateu à porta. Um homem com cara de sono apareceu. Sua barba por fazer e o aspecto de lenhador não causaram boa impressão. O irlandês perguntou:

— Pietro Bari mora aqui?

— Morava! — respondeu o barbudo, de maus modos.

— E onde está agora?

O homem deu uma risada aguda e esclareceu:

— No cemitério! Morreu faz três meses! Foi uma briga de bar! Parece que devia dinheiro para alguém que não queria esperar!

Brian virou-se para Pina e passou a mão pelo pescoço. Era um símbolo universal, que dispensava traduções.

— Este homem... — continuou O'Neil. — É amigo de Pietro Bari! Há alguém que possa responder por ele?

O lenhador balançou a cabeça, negativamente.

— Não que eu saiba! O italiano vivia sozinho! Era muito falastrão! Foi enterrado como indigente! Ninguém reclamou o corpo! Só soubemos de sua morte há poucos dias!

Brian O'Neil perguntou se haveria pouso por ali para os estrangeiros e ouviu:

— Minha casa não é hotel!

O lenhador fechou a porta, enquanto o irlandês tentou explicar o que se passava.

— E agora? — perguntou Pina para Laura, porque a noite já se aproximava. Brian sugeriu um alojamento simples em um lugar conhecido. Mas teriam de voltar para o centro. Nesse momento, o irlandês desistira do seu propósito inicial, que era o de depenar Pina. Certamente, o casal tinha dinheiro, mas pouco. Sem ter noção exata do porquê, ele desejava ajudar os italianos. E o motivo real não era altruísta. Por um acaso inexplicável para os mortais, Brian O'Neil sentiu uma simpatia genuína por Pina. E mais ainda, ficou fascinado pela beleza de Laura.

De alguma maneira eles se entenderam e O'Neil levou-os até o local de sua moradia. Era um prédio velho, caindo aos pedaços, habitado por centenas de desesperados. Um cortiço, como tantos outros da velha Nova York.

Laura odiou o lugar, mas acreditando que ficariam ali por apenas uma noite, aceitou o quarto úmido que lhes era oferecido por um preço absurdo. Até aquele momento, ela ainda achava que tudo valia a pena para ficar ao lado de seu amor.

Capítulo Quarto

Adaptações

A estadia, que Laura imaginava ser curta, demorou bem mais do que o esperado. Aos poucos, eles foram se inserindo em um novo contexto, que não era propriamente um contexto agradável. Não demorou para que a filha de Giácomo perdesse a paciência. Acostumada ao luxo, ela logo teve de aprender a triste convivência com a pobreza, que em breve se transformou em miséria, porque, no inverno, esgotaram-se os recursos trazidos da Europa.

Auxiliado por O'Neil, Pina arranjara pequenos serviços no porto. O trabalho, que era esporádico e ilegal, porquanto os estivadores tinham sindicatos próprios para evitar a concorrência, rendia recursos exíguos, de maneira que a vida do casal Pina se tornou de uma indigência extrema.

Os irlandeses passaram a chamar o italiano de Frank Pine e aos poucos ele aprendia os costumes e principalmente, os vícios da sociedade local. A pobreza não molestava Franco. De fato, o carbonário estava acostumado a ela; desposara-a ao entrar na vida de aventureiro errante. Todavia, irritava-se profundamente ao chegar em casa e ver a cara amarrada de Laura, perguntando áspera, quando sairiam daquele cortiço fétido.

Para não discutir com a esposa, Franco passou a se demorar na rua. Ele matava o tempo freqüentando bares, nos quais jogava e bebia à vontade. Em momentos de sorte, o milanês ganhava algum dinheiro no pôquer. Porém, o mais freqüente era a perda da féria do dia em blefes malsucedidos. Brian O'Neil o apresentara a toda comunidade irlandesa, inclusive àquele jovem que o ameaçara no seu desembarque, Sean. Apesar de italiano, Frank foi relativamente bem acolhido, até por ter no catolicismo um fator de identidade com os irlandeses.

Laura compreendeu que essas amizades deixavam de ser proveitosas e se tornavam nocivas. Ela detestava especialmente O'Neil, cujos olhares lascivos tinha de tolerar em silêncio, porque Pina não permitia que se falasse mal de seus amigos. A filha de Gualfrani começou a sentir as primeiras rajadas do vento que faria seu castelo de areia desmoronar.

O desabamento completo ocorreu quando Brian, numa noite, tentou agarrá-la. Ele levara o bêbado Pina para casa, e, aproveitando-se do desmaio alcoólico do amigo, achou-se no direito de beijar Laura. A jovem reagiu, empurrando o irlandês, que obviamente também não estava sóbrio. Brian cambaleou para trás e caiu. Com muito custo ele se levantou, tateando. Foi embora entre xingamentos e ameaças. Naquela noite, Laura chorou desconsoladamente. Ela sentiu que a situação estava cada vez pior, porque agora, além da fome, que já vinha rondando seus dias, a violência também se postara à sua porta.

No dia seguinte, numa vã esperança de afastar Franco daquela influência nefasta, ela narrou o ocorrido, aguardando compreensão e atitude. A reação de Pina, porém, foi bem diversa daquela que ela imaginava.

— O quê? Estás dizendo isso só para me separar dos meus amigos! Eu devo muito ao Brian! Se ele tentou algo é porque tu deste motivo! Eu te conheço bem, mulher! Então, não poses de santa, pois isso não te cai bem!

— Não, Franco! Eu juro por Deus que ele tentou me agarrar! Se tu não estivesses tão embriagado, terias visto!

Pina gargalhou. Seu comportamento mudara drasticamente.

— Agora estás a me censurar! Quem tu pensas que és? Não passas de uma riquinha metida a besta! Eu te avisei que seria assim! Bem-vinda ao mundo real! Foi idéia tua vir comigo! Não reclames!

Laura estava arrasada com tais injúrias, mas seu desespero era maior do que o orgulho e por isso ela replicou:

— Franco, precisamos ir embora! Não podemos ficar aqui! O que tu trazes do porto é insuficiente para nos mantermos! A proprietária já está me cobrando o aluguel desta semana! Disse que se não pagarmos logo, vai nos pôr na rua!

Pina afrouxou o abraço de sua mulher, que tinha se agarrado a ele na esperança de forçá-lo a sentir a veracidade de suas palavras.

— Queixas! Queixas! É só isso o que ouço de ti! Não trazes nenhuma solução! Se tu achas que ganho pouco, por que não me ajudas? Claro, não queres gastar tuas lindas mãos em um trabalho de verdade, não é mesmo?

Num arroubo de desespero, Laura tornou a se enlaçar ao marido, implorando:

— Vamos embora daqui, Franco! Ouvi dizer que o governo está dando terras no oeste!

— Embora para o oeste? Estás louca? Conversei com Brian sobre isso! Sabe o que ele disse? Que se os índios não nos matam, o deserto faz o serviço! Além do mais, não tenho a menor vocação para ser fazendeiro no meio do nada!

Desta feita foi Laura quem largou o marido.

— Brian, Brian! Só ouço esse nome! Será que esse homem exerce sobre ti um domínio tão grande? Não percebes que ele está nos arruinando?

Franco Pina ficou irracional com essa observação. Ele esbravejou, cheio de ironia:

— Olha só quem está falando em arruinar os outros! Justamente tu, que arruinaste a vida de tanta gente; a minha inclusive! Porque se eu não tivesse me envolvido contigo, estaria na Itália, agora, lutando pelo meu país! E não aqui, neste lugar horroroso!

Não suportando mais tantas acusações, Laura começou a chorar. De seus belos olhos azuis, lágrimas começaram a cair como cachoeiras.

— Franco, tudo o que fiz foi por amor! Abandonei minha vida por gostar de ti mais do que a mim mesma; mais do que a minha família, mais do que o meu nome!

— Não me amas! Não me amas, Laura! Se me amasses, desejarias a minha paz!

— Esse O'Neil está te destruindo! Bebidas, jogos, roubos! Pensas que eu não sei que tu andas roubando por aí? Eu ouvi vossas conversas! Já aprendi a língua o suficiente!

— Mentira! — gritou Pina, ameaçador, aproximando-se da mulher.

— É? E o relógio que eu vi outro dia aqui em casa? De onde veio?

— Ganhei no carteado!

— Duvido muito!

— Tu podes duvidar o quanto quiseres! E de qualquer maneira, uma mulher que rouba a própria família não é a pessoa indicada para acusar quem quer que seja! Quem é o ladrão, afinal?

E Pina saiu, batendo a porta atrás de si. Laura enrolou-se em um velho cobertor puído e caiu em um pranto convulso, a avaliar que em poucos meses sua vida havia se modificado de maneira terrível e tudo que ela conhecia estava agora, amassado e roto.

Capítulo Quinto

Esforços

Apesar dos insistentes pedidos de sua esposa, Frank Pine não abandonou a vida viciosa na qual mergulhara. Como sempre sucede, Pine não percebia que a corrupção é uma verdadeira areia movediça: fácil de se cair nela, difícil de se escapar.

Em poucos meses, Pine já se aprofundara no jogo, nos pequenos furtos e nas bebidas ordinárias das tavernas. As ações do italiano e de seus parceiros, porém, começaram a ser monitoradas pelos trabalhadores das docas, que queriam se livrar da concorrência. Na verdade, os estivadores desejavam exterminar os marginais que criavam uma má reputação para os portuários.

Pressionada pelas dívidas e necessitando manter-se, Laura buscou trabalho. Primeiro, tentou lecionar francês. Surpresa, constatou que ninguém queria se aprofundar nesse idioma. Para os imigrantes, aprender outra língua era algo absolutamente supérfluo. Nos cortiços americanos o que pesava não era a cultura; era a sobrevivência.

A filha de Gualfrani logo teve de desistir do seu improvisado ofício de professora. Passou então a fazer bordados e roupas, conseguindo com o seu serviço alguns trocados que, se davam para o aluguel, eram insuficientes para as necessidades mais prementes. Percebendo que as alternativas eram poucas, Laura começou a executar trabalhos pesados. Ela se dedicava a faxina e rapidamente ganhou fama como boa lavadeira.

Até tarde da noite a jovem debruçava-se sobre tinas imundas, vendo o sabão ordinário devorar suas mãos, outrora tão delicadas. Em menos de um ano, Laura emagrecera e fundos vincos contornavam seus olhos cansados. Muitas vezes, sob a luz do plenilúnio, a italiana chorava, recordando-se do pai querido, que desejara tão ardentemente afastá-la da desgraça. Aos poucos, Laura foi compreendendo que seu pai conhecia a vida e os homens e que ela, de fato, fora uma tola romântica. Ela vislumbrava a felicidade de antanho, perdida como sombras imaginárias... Laura sentia na carne que a miséria era algo além de um simples conceito abstrato. O fardo concreto da pobreza era terrível. Não havia nada que atenuasse as suas dores. A senhora Pine, entendia, agora, que a realidade quase sempre é cruel com quem quer construir a vida apenas sobre sonhos. O trabalho rotineiro e pesado descortinava-se como a verdade insofismável que Laura nunca quisera ter ou ver.

De sua antiga paixão, pouco sobrara. Pina às vezes voltava a ser o homem idealista que ela amara um dia: delicado, meigo, enigmático, viril. Mas isso era só um lampejo de sol no mar tempestuoso de seu cotidiano. Na maioria dos dias, Pina chegava bêbado, tropeçando nas pernas e nas palavras, reduzido a escombros. Para complicar as coisas ainda mais, O'Neil aumentava a pressão, insinuando-se atrevidamente entre os seus receios de vítima indefesa.

Percebendo que a situação estava insuportável, a jovem italiana cogitava numa fuga; numa volta para a Itália. Enfrentaria o pai e suportaria, como uma escrava, todas as penas que, certamente, lhe seriam impostas. Aprenderia a obedecer e jamais contestaria as ordens paternas outra vez. Quando chegava a essa sábia, porém tardia decisão, uma pergunta batia em sua mente: como voltaria? Não tinha dinheiro e em terra estrangeira era quase uma pária. O projeto era então abandonado, mesmo porque sua saúde declinara bastante naqueles meses no exterior. Ela temia não sobreviver a uma viagem tão longa. A má alimentação cobrava o seu tributo; Laura sentia, não raras vezes, uma incrível tontura e fraqueza. Chegava a pensar que tinha alguma doença. Mas depois, raciocinando melhor, concluía que o problema era mesmo a alimentação precária.

Nessa época, Laura ficou grávida pela primeira vez. Todavia, seu estado de desnutrição crônica tornou impossível avançar com a gestação. Em poucas semanas, ela sofreu um aborto espontâneo.

E o calvário da jovem italiana longe estava de chegar ao fim, pois no inverno de 1859/60, as coisas pioraram drasticamente. Havia uma ameaça de guerra no ar e a economia americana entrara em um grave momento de retração. A atividade nos portos diminuiu e com isso, Pina e O'Neil tiveram de investir ainda mais no instável mundo dos negócios ilícitos. Acontece, porém, que em uma ação infeliz, eles acabaram presos. Não pela polícia da cidade, mas pelos próprios estivadores. Tomaram uma surra tão grande por furtarem os passageiros e assim denegrirem a imagem dos trabalhadores honestos, que quase morreram. E eles tiveram de se considerar homens de sorte, porque em um desses linchamentos, Sean e mais outros dois irlandeses tinham sido assassinados.

A Laura coube cuidar dos machucados de seu marido e do estropiado Brian. O irlandês parecia não ligar para as escoriações, mas mantinha pensamentos bastante dolorosos. Enquanto Laura lhe lavava o supercílio, ele, indiferente a enfermeira, comentava com Pina:

— Não podemos mais voltar ao porto, Frank. Se voltarmos, eles vão acabar conosco!

Franco retrucou, lamurioso:

— O que faremos? Como vamos conseguir dinheiro?

Brian pareceu pensar por um segundo. De repente excogitou:

— Eu tenho amigos em Boston! Dizem que lá há empregos nas fábricas! Vamos tentar! Além de tudo, eu já estou farto dessa pocilga!

Franco Pina contemplou o amigo e inquiriu:

— Boston? Onde fica?

— Mais para o norte!

Franco balançou a cabeça, negativamente.

— Aqui já está bastante frio, Brian! Quanto mais para o norte!

— Não podemos escolher, parceiro! E lá há mais espaço e oportunidades! Não teremos de viver amontoados como coelhos numa caixa!

Desta feita, Pina consultou a mulher, que lavava umas ataduras:

— O que tu achas, Laura?

A jovem ergueu os ombros, em sinal de indiferença. Na verdade, para ela a mudança nada significava. Mas sair daquele quarto imundo podia representar a expectativa de dias melhores. Essa foi uma aposta que, feita no escuro, traria grandes problemas para a filha de Gualfrani.

Capítulo Sexto

Em Boston

A mudança para Boston foi traumática e cheia de percalços. Com os aluguéis atrasados, o casal Pina teve de fugir à noite, carregando apenas roupas e os parcos resíduos de sua vida européia.

Compartilhar a fuga com Brian O'Neil, acirrou ainda mais os ânimos de Laura contra o irlandês. A jovem italiana achava que ele exercia uma influência destruidora sobre o seu marido. Como sempre sucede com o ser humano, Laura procurava jogar a culpa pelo fracasso em qualquer um que pudesse passar por réu.

Nesse caso, porém, Laura não deixava de ter uma certa razão. Pina estava completamente perdido. Sua personalidade revolucionária tinha dificuldade em lidar com a rotina e com o marasmo de uma vida comum. Confuso e infeliz com aquela existência sem objetivos, Franco deixava-se arrastar para os vícios propostos por O'Neil. E a dependência de Pina crescia, porque até o dinheiro para a viagem tinha sido emprestado por Brian.

Em Boston, as coisas começaram a melhorar. Pina teve um lampejo de ânimo e tentou realmente fincar raízes. Os italianos se alojaram em uma casa espaçosa, embora quase em ruínas, que ficava fora do centro da cidade, próxima do local em que a estrada para o sul era cortada por um rio. O ambiente era não só paupérrimo e sujo; era também bastante tenebroso, com todas aquelas árvores nuas, o tempo constantemente fechado e um vento cortante agitando os galhos secos. Aquela residência, outrora abandonada, tinha sido invadida por irlandeses que a haviam transformado em uma habitação coletiva. Um quarto foi alugado para Frank e Laura e outro para Brian. Uma mulher, chamada Sarah, passava pretensamente pela proprietária. Apesar de tudo, aquele lugar era bem melhor do que a favela infecta de Nova York. Ao menos tinham mais espaço e o ar não exalava o pútrido cheiro de esgoto das ruelas apertadas.

De início, tudo parecia estar se ajeitando. Pina arrumou, junto com O'Neil, um emprego em uma tecelagem. A jornada era estafante e o trabalho monótono, mas Pina começou a guardar um pouco de dinheiro. De alguma maneira, Pina queria se redimir aos olhos de Laura e construir de fato a sua vida, a sua família. Ele percebia que mergulhara no pântano da corrupção e que por pouco não perdera a honra e a alma. Essa regeneração, porém, só durou algumas semanas.

Isso porque O'Neil continuava com sua vida de homem promíscuo e sem grandes preocupações. Enquanto Pina voltava para casa, o irlandês seguia para os prostíbulos, para o álcool e para os jogos. Em salões de má reputação, Brian exercitava seus vícios contumazes. Foi dessa maneira que conheceu uma série de pessoas desqualificadas e sem raízes, com as quais se afinou muito bem.

Nessa curta fase de reabilitação moral, Laura vigiava Pina, instando-o a romper definitivamente o seu contato com o irlandês. O jovem carbonário bem que tentou, mas sua mente já estava entediada demais pela monotonia para que a tentação fosse banida por completo.

Uma primeira visita a taverna foi seguida de uma segunda e

depois de muitas outras. Novamente o dinheiro começou a escassear, junto com a paciência de Laura.

Quase um ano assim se passou e a situação tornou-se tão crítica que em fins de 1860, em pleno inverno, Laura não tinha mais como sobreviver.

Comparada à Nova York, Boston era então uma cidade pequena. A concorrência era acirrada e a italiana não achou quem lhe desse trabalho. Por conseqüência, vivia faminta e emagrecera muito. Teve de vender as últimas peças européias, simplesmente para comer. Seu organismo começou a se ressentir da falta de proteínas e ela percebia que estava ficando doente. Laura avaliava que a deficiência de alimentação e o trabalho pesado tinham provocado a perda de seu bebê. Também por isso, passou a odiar a América e aquela gente desumana. Ela notava que, ao contrário do que acontecia em sua terra, a caridade ali era muita rara, mesmo porque, além da tristeza, os navegantes do barco da miséria pouco tinham o que partilhar.

A filha de Gualfrani não queria esmolas; desejava trabalho. Mas ninguém lhe dava emprego e sua situação foi ficando a cada dia mais desesperadora, pois não demorou muito para que Pina e O'Neil fossem demitidos. O irlandês passou a se virar com pequenos biscates. Ainda que de uma forma precária, tanto em Nova York como em Boston, a comunidade irlandesa procurava ajudar seus conterrâneos através de associações caritativas, a maior parte destas vinculadas a Igreja Católica. Mas os italianos, estes não; estes não tinham ninguém.

Em janeiro de 1861, Franco Pina era um homem destruído, desnorteado pelo vício e pelas dificuldades. Ele tinha de viver à sombra de Brian para conseguir algum ganho e assim ter um pequeno salário. Das migalhas que trazia para casa, a maior parte ficava para cobrir o aluguel. Laura fazia alguns serviços esporádicos, ajudando uma vizinha no plantio e na venda de hortaliças. Como verdureira, a outrora orgulhosa filha do comendador, conseguia alguns trocados a mais. Todavia, esse tipo de trabalho não era possível em todos os meses, de maneira que no inverno as coisas ficavam quase insuportáveis.

Naquele começo de ano, apertada pelo guante ferrenho das intempéries, Laura mergulhara no desespero ao perceber que não tinha nem comida, nem lenha para o fogão. Inclinando a cabeça para trás, na cadeira, Laura olhou para fora. O céu estava chumbado, triste, medonho, prenunciando nevasca. A jovem italiana circunvagou o olhar e viu a pobre mobília de seu quarto. Comparou com o quarto que tivera. Lágrimas lavaram-lhe o rosto pálido. Nunca havia reconhecido tanto o valor das coisas como agora. Trocara tudo por nada. Na melhor das hipóteses, por um capricho, por uma insensatez. No auge do desespero, considerou que deveria ter aceitado a proposta de Étore. Ou recusado tudo... Ela não sabia ao certo. Teria errado clamorosamente ao seguir os rumos ditados por seu Espírito? A imagem de Giácomo brilhou na retina de Laura e ela lembrou do pai de uma forma extremamente carinhosa e cheia de remorsos. Pensou também em Laurinda e em Deus, implorando ajuda e socorro. Era a primeira vez que Laura fazia isso verdadeiramente, do fundo de seu coração.

A arrogância ferrenha da jovem italiana começava enfim, a se vergar sob o peso tremendo do desencanto. Mas o longo e doloroso aprendizado longe estava de terminar.

Capítulo Sétimo

Caindo no Abismo

Em uma das tantas noites de inverno nas quais Pina e O'Neil passavam embriagando-se, vamos encontrá-los à sombra de um balcão, mergulhados no consumo fácil do álcool entorpecente.

Nesta noite em particular, Pina queixava-se com o amigo:

— A senhora Sarah perguntou hoje sobre o aluguel...

— De novo? Mulher impertinente!

— De novo!

— E?

— Eu a enrolei um pouco! Mas as ameaças estão crescendo! Se não puder quitar meus débitos logo, serei expulso de casa! Preciso de dinheiro, Brian! E rápido!

O'Neil deu uma risada maliciosa e externou:

— Hei! Não olhes para mim, amigo! Sabes que eu vivo liso como sabão! O que eu tenho mal dá para uns tragos! Já faço muito em te pagar algumas doses! Além disso, ainda não devolveste tudo o que me deves!

E Brian balançava os ombros, para enfatizar o que dizia. Pina pareceu refletir um pouco. Mesmo embriagado, reconheceu que não tinha muitas saídas. Por isso asseverou:

— Aqui as coisas estão piores do que em Nova York! Acho que deveríamos voltar para lá!

O'Neil balançou a cabeça, negativamente.

— Não podemos! A menos que queiras morrer!

— Então, o que vou fazer? Não há solução!

O irlandês deu um trago longo no uísque barato. Uma resolução sombria invadiu-lhe a alma. Era algo que ele já tinha em mente há muito tempo. Mas acreditava que agora era o momento certo para pôr em prática o seu plano. Contudo, agiria com cautela para não melindrar o orgulho do amigo.

— E Laura? Ela não está trabalhando?

— Aquela lá? Não, ela só sabe resmungar da sorte! Vive me aborrecendo! Depois que eu me juntei a ela, minha vida se tornou um inferno! Eu poderia estar na Itália, agora! Teria uma carreira política, um emprego! No entanto, eu vi a luta daqui, pelos jornais! Preparei-me tanto para nada! Foram anos perdidos por causa de uma mulher! Na verdade, eu amaldiçôo a hora na qual concordei em fugir com ela! E a desgraçada, quando ganha alguns trocados, ainda me joga na cara! Amigo, eu te garanto: assim que tiver uma chance, adeus! Vou embora e Laura que se vire! Vou voltar para a Itália!

O irlandês prestou muita atenção nas palavras de Pina. Mas tudo isso poderia ser apenas uma desavença temporária ou um agastamento sem raízes, estimulado pela bebida. Dessa maneira, ele investiu com cuidado:

— É sério? Tu queres mesmo partir?

— Por mim, ela poderia queimar no inferno, se fosse o caso! Eu não dou a mínima! Tanto faz! Para quê eu vou querer uma mulher que só sabe se lamuriar? Ela foi muito mimada e como era rica, não se conforma com a vida de gente simples!

O'Neil fingiu admiração:

— Hei, amigão! Eu não acredito que tu estás tão desencorajado com o casamento!

— Pois olha só, Brian! Se eu me livrar dessa encrenca, juro por Deus que jamais vou me casar outra vez!

Brian ergueu as sobrancelhas, em sinal de interesse. Jogando no escuro, comentou com serenidade, para não pôr tudo a perder:

— Laura é uma belíssima mulher!

— E insuportável! — adicionou Franco.

— Não acredito que te livrarias dela de bom grado!

— Eu o faria, amigo! E sem hesitar!

Caiu um segundo de silêncio. Brian não estava tão bêbado a ponto de perder a razão. Mas ele não sabia se Pina o estava. Talvez toda aquela conversa fosse somente uma mera falácia. Continuou sondando o italiano:

— Verdade? Não acho!

— Juro por Deus! Juro mesmo! — repetiu Pina, enfático.

— Estás sem juízo! Não falas com o coração!

O olhar enviesado de Franco denunciava que ele perdera a noção exata da realidade. As suas emoções, porém, transpareciam de maneira clara e eram genuínas. Toda a insatisfação alimentada pela alma era exposta naquele momento.

— Tu não acreditas em mim, Brian? Pois eu faria qualquer coisa para me livrar de Laura!

— Qualquer coisa? Qualquer coisa mesmo?

— Queres que eu jure sobre a Bíblia? Ela me causa raiva!

E enquanto Franco gesticulava com as mãos, dando a entender que a filha de Gualfrani não passava de um estorvo, Brian aquietava-se, urdindo lentamente os fios que teceriam a malha grossa de sua rede imoral.

Depois de uma pausa que durou quase trinta segundos, O'Neil indagou:

— Estás certo do que dizes?

— Claro! Não estou a te afirmar isso?

Brian encostou-se no balcão, apoiando os dois cotovelos no estrado. Fazendo uma derradeira análise, comentou:

— E se eu te disser que sei de um jeito para resolver tua situação? E que com ele, lucrarás duplamente?

Pina empertigou-se. Imaginou de imediato que alguma idéia cínica iria brotar daquela mente podre, mas não se julgou em condições de fazer oposição. Curioso, perguntou:

— Eu diria que tu és um milagreiro!

— Não! Só conheço as pessoas certas! Ou erradas, não sei! — Brian riu, entendendo que Pina estava interessado.

— Pois diga, amigo!

— Já viste o Kevin?

— O Kevin? Hum! O proxencta? Claro! Quem não conhece o Kevin?

Brian ponderou pela última vez. Decidiu que não custava nada arriscar. Assim, encorajado pela frieza de Pina, ele prosseguiu:

— Bem, ele está sempre precisando de belas mulheres para seu clube! E Laura se enquadra perfeitamente nesse perfil!

Pina teve um assomo de repugnância e admiração. Não imaginava que a proposta de Brian fosse tão indigna. Mas a ganância em breve superou a decência:

— Tu achas que Laura concordaria? Jamais! Ela vai preferir a morte!

— Não sejas burro, Frank! Quais são as opções dela? Fugir no inverno? Se matar? Aposto que ela não fará nenhuma bobagem nesse sentido! Ela não tem dinheiro, mal fala o inglês e não conhece ninguém! A única alternativa dela será aceitar!

Pina ainda estava pouco motivado. Refutou timidamente:

— Não, não! Isso não me parece boa idéia!

— Ora, vamos! Ela não desgraçou a tua vida? É justo que faças o mesmo com a dela!

— Nisso tu estás certo! — concordou Pina.

— Então! Eu sei que o Kevin aluga algumas garotas! Racharemos o dinheiro meio a meio!

— A mulher é minha! Por que dividiria o dinheiro?

— Porque o Kevin não confia em italianos! Ele não fará negócio contigo! Mas fará comigo, que sou irlandês como ele!

— Duvido muito! Dinheiro não tem Pátria! — rebateu Franco, irritado.

— E nem cor! — completou Brian — Mas Kevin não fará negócio contigo, a menos que eu dê a ele a minha palavra! Tu precisarás de um intermediário...

— Meio a meio é muito!

— Certo! Quarenta a sessenta! — arrematou O'Neil, com aquele jeito típico de se negociar na América. Isso não foi o suficiente para convencer Pina.

— Não! Trinta a setenta!

Brian riu ligeiramente. Havia conseguido.

— E tu te passas por meu amigo... Pechinchas como um judeu! Tens certeza de que és italiano?

E O'Neil esticou a mão. Pina a apertou, com segurança, selando dessa maneira, um pacto ignominioso que levaria a vida de Laura ao caos.

Capítulo Oitavo

Pedindo Socorro

Aqueles dias de inverno estavam excepcionalmente frios. Uma frente polar chegara e fortes nevascas despencavam sobre Boston em janeiro de 1861.

Uma abatida Laura permanecia enrolada em lençóis para se aquecer. Não tinha lenha e o lume do fogão estava apagado. Apenas uma solitária vela ardia, fazendo o dia lúgubre como uma caverna do umbral.

A filha de Gualfrani estava profundamente amargurada. Ela e Pina raramente conversavam. A fome era uma constante ameaça. Laura pouco comia e o fazia de forma irregular. Emagrecera e sentia que seus dentes estavam moles. Penalizadas, algumas vizinhas, sócias da miséria, percebendo-lhe a agudeza das privações, às vezes, deixavam-lhe um pouco de pão, presunto ou toucinho. No entanto, eram rações mínimas, porque a ninguém ocorria desfazer-se do imprescindível para ajudar os outros.

Em semanas mais felizes, Pina comprava víveres no mercado e abastecia a casa, além de deixar dois ou três dólares, para que com eles, a esposa se sustentasse por quinze dias ou mais.

Todavia, naquele mês Pina quase nada dera para a mulher, de maneira que o torniquete da carência a apertara ainda mais em seus tormentos.

Laura já se cansara de protestar ou exigir mudanças. Seus lindos olhos azuis estavam opacos, como se fossem duas estrelas que, caindo do céu, tivessem se apagado no mar da solidão.

Foi nessa época que a necessidade de fugir tornou-se uma realidade palpável para a jovem italiana. A paixão que outrora sentira desmanchara-se completamente, aluída pelas ondas terríveis da realidade.

Tremendo de frio, fraca e faminta, Laura constatou que seus sonhos estavam mortos definitivamente e que nada seria capaz de ressuscitá-los. Porém, sua mente trabalhava de maneira acelerada na busca de alternativas. Mas as saídas revelavam-se distantes, no labirinto confuso das possibilidades. E agora sua alma sempre se voltava para o pai que tentara lhe proteger dos ímpios e construir-lhe uma ponte sólida para que atravessasse o abismo que a separava do futuro. Desesperada, Laura compreendia que aquela aventura louca estava lhe custando a vida.

E a verdade é que ela ainda não tinha quitado nem a metade do preço que o destino firmara ao acatar a sua liberdade de escolha.

Pois ao contrário do hábito, naquela tarde nublada de inverno, Pina e Brian chegaram cedo e sóbrios.

Franco Pina abriu a porta do quarto e sem nada explicar, deu uma ordem incisiva:

— Avia-te! Vamos sair!

— Aonde vamos? — indagou a jovem, estranhando.

— Tu verás!

— Devo levar minhas roupas?

— Esses trapos velhos? Não, ganharás coisa melhor! Pega apenas o que julgares o indispensável!

Laura estava assustada com a expressão dura de Pina, mas acreditava ainda que ele seria incapaz de precipitar-se em qualquer loucura criminosa. Colocou então um abrigo para o frio e só perguntou:

— Nós vamos embora?

— Sim! — respondeu Pina, muito sério. Laura ousou esboçar um sorriso de satisfação, pensando que seu marido tinha encontrado alguma solução para os problemas. Mas essa idéia positiva logo se desmanchou quando ela encontrou Brian na soleira. Ele mantinha uma expressão zombeteira e cínica, o que decerto, indicava algum ardil. Como uma flor jogada ao fogo, Laura encolheu-se e obedeceu a Pina, sem questionar mais. Sua apreensão crescia a cada segundo, porque notou que Franco não arrumara qualquer bagagem.

Laura não sabia o que a esperava, mas sentia que fosse o que fosse, O'Neil estava por trás de tudo. Ela o odiava com todas as forças que dispunha, embora reconhecesse que não poderia fazer nada contra o irlandês. Parecia que O'Neil exercia um fascínio irresistível sobre seu combalido esposo. Portanto, Pina não poderia ajudá-la a isolar-se de Brian.

O medo de Laura aumentou ainda mais quando no pátio eles encontraram Sarah e Pina afiançou, entre desculpas:

— Não se preocupe, senhora! Pagarei hoje o meu débito!

— Espero! — foi a resposta carrancuda da viúva, que dirigia o tugúrio com mãos de ferro.

Laura começou a se questionar. Onde Pina arranjara o dinheiro? Ela não fazia idéia, mas com certeza algo estava acontecendo. Eles entraram em um carroção e sob a nevasca aguda que começava a se precipitar trazida pelo vento norte, eles avançaram por uma estrada desconhecida para a filha de Gualfrani.

Num certo momento, a apreensão de Laura cresceu tanto que ela passou a perguntar reiteradamente ao marido qual seria o destino. Naqueles poucos quilômetros, perdera a pouca confiança que ainda tinha em Pina. Aliás, o italiano parecia tão constrangido que nem respondia. Era Brian quem falava:

— Acalma-te! Tu verás logo!

Laura chegou a temer por sua vida, mas esse temor desapareceu quando se depararam com uma casa centenária que ficava à margem da estrada e que servia como pouso e ponto de diversão para as diligências que demandavam o sul.

— Onde estamos? — indagou a moça, imaginando que tinha sido contratada como doméstica para aquela casa enorme, à revelia de sua opinião.

Uma súbita esperança e um grande alívio varreram-lhe a alma.

— Desce! — foi a resposta de Brian. Ele pegou-a pela cintura, pondo-a no chão, para revolta de Laura, que observou a inércia de seu marido diante da cena. Ela sentiu horror àquele toque, mas nada disse.

Dentro da estalagem, uma música vulgar e ligeira soava. Eles entraram, fechando a porta atrás de si. O salão já estava cheio, embora fosse cedo. Algumas jovens, com posturas indecorosas, sentavam-se no colo de cavalheiros despreocupados. O ambiente causou asco em Laura, mas ela raciocinava, em sua inocência, que trabalho era trabalho.

Brian parecia conhecer bem o lugar. Algumas das mulheres o saudaram, risonhas e entorpecidas. No canto do salão estava um homem já de uns quarenta anos, cabelos castanhos parcialmente encanecidos, bigode basto e costeletas que chegavam quase ao queixo.

O irlandês foi até lá e os dois se retiraram para um gabinete lateral. Pina apertava o braço de Laura, cujo coração principiou a se acelerar, como se estivesse certa de que alguma coisa maléfica estava para ocorrer. Ela procurava o olhar do marido, mas Franco mirava o espaço vazio, para não ter de dar explicações ou ter de confrontar-se com a censura desesperada da esposa.

Cada vez mais preocupada, Laura rompeu o silêncio:

— Eu vou trabalhar aqui?

— Vai! — respondeu o antigo carbonário, secamente. Laura tentava reorganizar seus pensamentos, não querendo acreditar nos avisos do instinto, quando o homem das costeletas apareceu. Ele fez um sinal e Pina levou a esposa até o gabinete. A porta foi fechada. Laura estava cada vez mais agitada. Contemplou o olhar sardônico de Brian e entendeu que ali, o seu serviço não seria o doméstico. Kevin Cunningham, todavia, não deu a Laura qualquer chance de reação. Aproximou-se e fazendo uma inspeção superficial, sentenciou:

— Está muito magra, mas é bonita!

— Eu te disse que era! — asseverou O'Neil.

Laura tremeu de ódio quando Kevin começou a tocar seu corpo de forma acintosa. Era a confirmação final para o tipo de trabalho ao qual ela estava sendo destinada.

— Abre a boca! — ordenou o dono da taverna. Laura ia protestar, quando Pina apertou-lhe o braço com força. Lágrimas pularam dos olhos da jovem e ela obedeceu. Cunningham pareceu não se importar. Com o indicador ele levantou os lábios da jovem para verificar-lhe os dentes. Pareceu satisfeito. Virou-se para O'Neil e indagou:

— Ela esteve doente?

— Não, é totalmente sadia. Mas está comendo mal por esses tempos!

Kevin Cunningham cruzou os braços e rebateu:

— Ela vai se recuperar!

Laura sentiu-se como se fosse um animal em leilão. Sua respiração estava ofegante; via-se que em breve ela desataria em uma convulsão de desespero. Sem poder controlar-se, ela puxou o braço e olhando Pina nos olhos, protestou:

— Não, Franco! Tu não podes fazer isso comigo! Eu não vou aceitar, seu canalha!

— Quieta! — tornou ele, rudemente.

— Eu não sou uma escrava! Tu não podes me vender assim!

— Eu já disse para calares a boca! Esse é um preço justo pela ruína que trouxeste para a minha vida!

Laura começou a se debater furiosamente, de maneira que Pina e Brian tiveram de segurá-la. Entre gritos abafados pela mão do milanês, ouvia-se imprecações furiosas:

— Não, não! Seu maldito! Maldito!

Toda a conversa entre os italianos tinha sido proferida no dialeto lombardo, de maneira que os irlandeses não entenderam as palavras, embora compreendessem, é claro, o teor da discussão.

— Ela não quer? — questionou Kevin, irônico.

— O que ela quer não importa! Nós já estabelecemos o nosso acordo! — externou Brian com um olhar doentio de satisfação e ameaça.

Kevin olhou a jovem que ainda se debatia, na ânsia da fuga. Ele ficou desconfiado, mas como homem afeito àquele tipo de negócio, sabia que muitas jovens tinham uma reação inicial semelhante. Depois, vencidas pelas circunstâncias ou pelas impossibilidades, acabavam se acostumando com a realidade.

— Está bem! — disse ele. A seguir foi até um armário, apanhou um vidrinho, molhou um lenço e aproximou-se de Laura. Com um golpe, forçou-a a inalar o clorofórmio. A jovem dobrou sobre si mesma, perdendo a consciência.

— Vamos pô-la no quarto de cima! Mathilda cuidará dela.

Laura foi arrastada até um quarto. Ela tinha espasmos débeis. Já estava recobrando os sentidos. A princípio pensou estar acordando de um pesadelo. Mas ao ouvir Kevin passar instruções para uma mulher de aparência desgastada, teve certeza de que tudo aquilo era real.

— Mathilda! A mocinha aqui precisa descansar!

— Qual o nome dela? — perguntou a mulher.

— Laura! — respondeu Brian. Ele estava no quarto junto com Pina, que, a despeito de tudo, parecia estar extremamente constrangido. Talvez estivesse arrependido, mas sabia que era tarde demais para recuar.

A filha de Gualfrani balançou a cabeça que girava e com dificuldade ergueu-se. A agitação dava-lhe forças e ela se aproximou do marido:

— Não, Franco! Isso não! Mata-me agora, mas não me condenes a isso!

E Laura desabou no chão, agarrando-lhe os pés, como se suplicasse. Pina, no entanto, manteve-se impassível e dentro de sua covardia, evitou olhar para a mulher. Contemplando uma janela, respondeu:

— Nada posso fazer! Tu arruinaste a minha vida! Por que não posso arruinar a tua?

Antes de qualquer resposta, Brian agarrou a jovem pela cintura e erguendo-a, em um solavanco, advertiu:

— Não faças cena! Se fizeres, juro que vou te bater aqui mesmo!

Diante da ameaça, Laura calou-se, embora quisesse gritar como louca. Ela não acreditava no que estava acontecendo. Subitamente, o choque paralisou o seu raciocínio. Vendo a situação controlada, Kevin e Pina saíram, deixando O'Neil ali, a demonstrar uma cruel satisfação. Quando a porta do quarto ia ser fechada, o irlandês se aproximou de Laura e sussurrou-lhe no ouvido:

— Melhor teria sido se tivesses cedido aos meus rogos de boa vontade. Agora eu te terei de qualquer maneira! Já conversei com Cunningham e ele me garantiu que eu serei o primeiro cliente a desfrutar dos teus prazeres! Faz parte do acordo, que é lógico, o estúpido do teu marido, não saberá!

— Chega Brian! — interveio Mathilda, afastando o irlandês. — Não vês que a pobrezinha está sofrendo demais? Ela não precisa que tripudies sobre ela!

E empurrando o irlandês, jogou-o para fora, enquanto uma risada imoral ecoava no ar frio do corredor.

Capítulo Nono

A Intervenção do Alto

Mathilda era uma meretriz experiente e conhecia bem todos os nuances que cercam os desastres da vida humana. Penalizada, porque adivinhava em Laura uma personalidade altiva e invulgar, procurou consolar a nova companheira dentro dos recursos que dispunha. Ela sabia que pouco podia fazer para minimizar a extensão dos danos, mas mesmo assim tentou mitigar a dor da menina.

Depois de passar em revista palavras que quase decorara para situações como aquela, Mathilda trouxe para Laura um chá de ópio, tido então como mero tranqüilizante.

Cabe lembrar que naquela época o extrato da papoula não era considerado uma droga e seu comércio era relativamente liberado[19]. A começar pela China, só muito mais tarde se descobriu o efeito pernicioso dessa erva e de seus subprodutos, quando não utilizados adequadamente para fins medicinais.

Desacostumada com a química de tal tisana e estando ainda debilitada pela alimentação inadequada, Laura sentiu náuseas e vo-

[19] Nos EUA, o ópio só foi banido definitivamente com o *Opium Act* de 1908.

mitou. Todavia, foi tomada por uma inesperada sensação de leveza e sonolência. Parecia que tudo estava bem. Dormiu profundamente no leito. Despertou horas depois, ouvindo o barulho alegre do bordel. Com a cabeça dolorida girando, viu que uma sopa de batata estava sobre a mesa. Uma fumaça odorífica dançava no ar, estimulando o apetite de Laura. Apesar do enjôo que sentia, ela comeu como há muito não fazia. A idéia de que tudo estava em paz se desmanchou na primeira análise sóbria que a italiana fez da realidade.

Laura ainda não queria acreditar que Franco tinha sido capaz de agir daquela maneira. Para ela, o culpado maior era Brian O'Neil. Sim, ele influenciara Pina. Franco era um desgraçado, sem dúvida. Um canalha vil. Mas Brian era muito mais do que isso; era um agente direto de satanás. Era um preposto do inferno. Não merecia o menor perdão; não merecia estar entre os vivos. Um vinco de ódio rasgou a testa da filha de Gualfrani. Jurou que se tivesse chance, mataria Brian, para que ele parasse de semear a infelicidade entre os seres humanos. Em seguida, sentenciou que também Franco merecia a morte. Laura considerou que não tinha mais nada a perder. A vida para ela, agora, nada representava além de uma oportunidade de vingança.

Brian e Pina nem suspeitavam que a desesperada Laura fosse capaz de tanto. Nos primeiros momentos, ali mesmo, no bar do clube, o milanês foi possuído por um pequeno remorso, logo afogado por generosas doses de álcool. Pina dispunha-se a não rever a esposa nunca mais. Já decidira que, tão logo conseguisse juntar algum dinheiro, voltaria para a Itália, pois a luta pela unificação da Pátria ainda não terminara.

Brian, por sua vez, pretendia visitar Laura com bastante constância. Ele ardia de desejos pela italiana e esperava em breve se livrar de Pina. Não planejava matá-lo ainda, pois sabia que ele estava disposto a ir embora. Isso era adequado aos seus desejos de ter a italiana sob seu total controle e dependência. De forma alguma O'Neil pensava em honrar o acordo financeiro que fizera com Pina. Poderia lográ-lo por um tempo, já que o italiano lhe devia uma razoável quantia. Brian descobriu, surpreso e alegre, que o ramo da cafetinagem poderia ser bem lucrativo. Ele pretendia se aprofundar nessa atividade, arregimentando outras moças para a taverna de Cunningham. O próprio Kevin pedira sua ajuda nesse sentido, pois tinha uma certa dificuldade para arranjar jovens sem arrimo em Boston. Brian cogitava voltar para Nova York e conseguir entre as imigrantes perdidas e desesperadas, a força de trabalho necessária para uma casa de diversão. Logicamente que ele evitaria o cais, pois ali estava marcado para morrer, mas tinha certeza de que pelas redondezas de hotéis baratos encontraria moças inocentes e solitárias que poderiam ser facilmente enganadas.

Esse aviltante tráfico branco podia ser ilícito, mas de forma alguma era incomum. Em um país no qual a escravidão negra era oficialmente aceita nos estados do sul, a opressão ocasional era vista como um simples caso de polícia e de justiça. Na verdade, o norte proibia qualquer tipo de servidão, mas como sempre sucede, o braço da lei era curto demais para atingir os pontos escuros por onde a alma humana vagueia. Aliás, a diferença de opinião a respeito dos negros acirrara os ânimos a ponto de ruptura.

O sul, após a eleição de Lincoln,[20] praticamente rompera com a união e formara, de fato e de direito, um país em separado.[21]

Até aquele momento, negociações abertas e secretas vinham sendo entabuladas pelas duas partes, no sentido de se evitar uma guerra fratricida.

Contudo, o cheiro de pólvora estava no ar. A ameaça do conflito fizera a economia do norte, que era industrial, entrar em um processo de recessão que já vinha se alongando desde a crise do grande pânico, três anos antes.

[20] Abraham Lincoln, presidente americano de 1861 a 1865. Foi assassinado no final da Guerra Civil.

[21] Foram os chamados Estados Confederados da América. Essa separação deu origem a Guerra Civil ou de Secessão (1861-65). O confronto foi vencido pelo norte, que uniu o país e aboliu a escravidão.

Em Nova York a comunidade irlandesa começava a se agitar, no sentido de ganhar armas para uma batalha que parecia inevitável. Alguns visionários radicais queriam formar um exército irlandês no exílio e com essa força invadir e dominar o Canadá, fazendo desse país um refém. Depois, eles trocariam a colônia britânica pela independência da Irlanda.

Esse era um plano que carecia de tudo, exceto de sonhos. Mas como os sonhos alimentam os homens, muitos irlandeses aderiram ao projeto.

Para Brian, isso pouco importava. Ele não ligava para a escravidão dos negros, nem para a liberdade da Pátria distante e muito menos para a secessão do sul. Seu espírito aventureiro, naquela noite em que lançara Laura na lama podre da prostituição, desejava apenas experimentar o amor da mulher de seu amigo. E ele sentia que esse projeto traiçoeiro iria se concretizar em breve. A visão de Brian era essa; limitava-se apenas ao mundo que estava ao seu redor. Não ia além. Ele era incapaz de perceber que a realidade circundante estava se desmanchando e que tudo iria mudar em poucos meses.

Evidentemente que, atormentada com seus próprios conflitos, Laura também não podia ver as nuvens negras que cobriam o país inteiro. Na sua primeira noite no bordel, ela reorganizava os pensamentos para encontrar uma saída. Fugir foi a sua primeira opção. Desapontada, verificou que a porta não abria. Estava presa no quarto.

Ela voltou para a cama, sentando-se. Um lampião a querosene ardia, jogando o ambiente na penumbra. O efeito do ópio estava passando e a depressão chegava, em um assalto rápido. Laura foi até a janela. A nevasca continuava a cair. Deveria estar muito frio lá fora. Sem saber exatamente o porquê, ela pensou em Deus naquele instante. Exigiu que Ele lhe desse uma chance de viver com dignidade. Piscou duas vezes, balançando a cabeça. Na certa Deus não existia. Era um mito. Se quisesse sobreviver teria de fazê-lo contando apenas com suas próprias forças. Deus não diminuiria o frio apenas para que ela pudesse fugir. Havia montes de quase meio metro de neve lá fora e ela estava com roupas leves. Se escapasse pela janela, na certa morreria congelada.

Laura esqueceu Deus e olhou para o fogo crepitante do forno. Sentiu, desalentada, que, na realidade, não tinha a menor chance. Ninguém iria ajudá-la naquele inferno. Não havia auxílio para os desesperados na Terra.

Desviou sua atenção para o prato de sopa de porcelana e a colher com a qual fizera sua refeição. Com uma toalha, enrolou o prato. Apanhou um ferro de passar roupa que estava largado em uma prateleira qualquer e com um golpe esmigalhou silenciosamente a porcelana. Dos resíduos, tirou um caco maior, pontiagudo e cortante. Sim, era a única saída honrosa que restara. Deixaria sua vingança para Deus. Ou se vingaria do além, se pudesse. Ergueu a manga esquerda do vestido. Levou o objeto cortante ao pulso. Parou para pensar por um minuto.

Ela tremeu, enquanto lágrimas pesadas rolavam face abaixo. Tudo estava destruído. Chegara ao mais alto grau de infâmia, ao mais ínfimo nível de vileza moral que uma mulher pode conceber para si mesma.

Em um átimo, porém, por sua mente passou a imagem de seu velho pai. A expressão severa, o carinho austero, os momentos felizes da infância. Recordou-se também da figura materna, subtraída tão precocemente de sua presença. Imaginou recolher-se no seu colo protetor.

Laura não podia saber, mas tais lembranças haviam sido inspiradas por Laurinda, que, acompanhada por Augustus, se fizera presente no instante imprescindível. Laurinda passava a mão sobre os cabelos de sua amada filha. Ouvia-lhe os soluços longos e agradeceu a Deus ao ver Laura deixar cair sobre o piso a arma mortífera que improvisara.

— Mãe, mãe! O que posso fazer, mãe? — explodiu Laura, considerando-se uma covarde.

— Calma, filha! — respondeu Augustus. Suas palavras eram inaudíveis, mas uma sensação de exaustão tomou conta de Laura. Cambaleando, ela se arrastou até a cama e abandonou-se ao desespero silencioso.

Laurinda novamente se aproximou da filha e disse:

— Tranqüiliza-te Laura! Deus, nosso pai, nunca abandona ninguém! Apesar dos erros da tua orgulhosa vaidade, terás o socorro que necessitas! Compreende, porém, que tiveste a liberdade de escolha para trilhar os caminhos da vida! O preço a pagar pela liberdade às vezes é alto! Faremos o que pudermos por ti, mas não desiste!

Quando se certificaram que Laura adormecia novamente, os guardiões saíram. Eles tentariam, como primeira medida, convencer Franco a tirar Laura dali.

Nem meia hora havia se passado quando Laura despertou daquele sono febril. Sua mente estava embaralhada e ela concatenava as idéias com extrema dificuldade. Revendo o ambiente extremo, pulou da cama. Já não estava mais desesperada. Estava decidida. Resoluta, destravou a janela. Uma lufada de ar gelado entrou pelo quarto. Laura pulou sobre o telhado da varanda, escondendo-se o quanto podia. Seu corpo leve fazia pouco barulho, mas a umidade escorregadia era um perigo. As brumas da noite alta a ocultaram. Ela dirigiu-se para os fundos. Buscou um monte de neve e pulou sobre ele.

Afastou-se rapidamente do local, atingindo o bosque que margeava a estrada. Em poucos minutos, ela percebeu que seu instinto de proteção a levava para o único lugar no qual poderia, naquele momento, encontrar ajuda: sua casa.

Capítulo Décimo

Liberdade de Escolha

Todo drama humano quase sempre é conseqüência de escolhas deturpadas pelo orgulho ou pela ignorância da realidade. Não é raro o homem culpar a sua estrela ou a má sorte por desastres que estavam, na verdade, sendo manipulados por suas próprias mãos. Então, quando ele percebe o erro, quer recuar. Não o podendo, se revolta e clama por Deus, exigindo soluções para problemas criados por sua imaginação desequilibrada.

E geralmente, o socorro chega apenas quando o limite da angústia é atingido. Os mentores espirituais permitem o entrelaçamento de almas inexperientes nas redes da própria escolha para que elas cresçam com os erros cometidos. A dor, amiúde, proporciona o aprendizado e, como remédio salutar, poupa o Espírito de muitos sofrimentos futuros, ao indicar-lhe o perigo de certas atitudes. Contudo, isso não significa que a alma fica ao desamparo ou à margem da proteção divina. Apelos sinceros normalmente são suficientes para movimentar uma legião de benfeitores no auxílio necessário. Na maior parte dos casos isso é feito para não se desperdiçar todo um projeto reencarnatório. Assim, evitam-se quebras de compromissos, que, de outro modo, seriam totais.

Esse era o caso de Laura. Tendo a chance de exercitar o arbítrio, caíra. E, de queda em queda, rolara até o despenhadeiro mais negro. Contudo, mãos generosas se estendiam em sua direção, embora ela, naquele instante, estivesse completamente cega para a ajuda que chegava silenciosamente sob o manto escuro da noite.

Pois enquanto a filha de Giácomo começava a empreender a sua fuga, Augustus e Laurinda executavam outra tarefa, não menos árdua e desgastante: convencer Pina a voltar atrás.

Essa era uma missão praticamente impossível. Isso porque o antigo carbonário já estava gastando o dinheiro de Kevin Cunningham, no próprio bar do bordel.

Pina e O'Neil estavam bêbados quando Augustus e Laurinda chegaram. Augustus solicitou a Laurinda que permanecesse fora, porquanto o ambiente era por demais carregado de miasmas e de entidades viciosas.

Augustus avançou em meio à atmosfera pestilenta. Pina se escorava no balcão, rindo e bebendo com Brian, na vã tentativa de acalmar a sua consciência. O Espírito Augustus percebeu que resíduos viscosos e cinzentos flutuavam pelo ar, dando ao visitante invisível uma pesada sensação de náusea. Augustus procurou não se incomodar. Contemplou Brian, identificando-lhe os traços remotamente belos, mas agora destruídos pela perversidade de seus instintos inferiores. Entidades malignas permaneciam por perto, aproveitando-se dos fluidos densos que se desprendiam não só dele, como também de todos os encarnados. Nenhuma dessas entidades obsedava Brian especificamente. Eram apenas Espíritos perdidos e errantes que desejavam se nutrir de sensações físicas. Era de se concluir, portanto, que os atos de O'Neil emanavam dele próprio e como mentor, a ele cabia toda a responsabilidade pela desgraça de Laura.

Deslocando-se para o lado, Augustus tocou com a mão sobre a testa de Pina, incutindo-lhe o pensamento de que deveria salvar Laura. Pina fechou-se a essa influência, murmurando contra si mesmo, reclamando, em voz alta, que fizera o certo. Brian o incentivou nessa idéia, de sorte que Augustus teve de gastar muito tempo até conseguir o que queria. Finalmente irritado com aquele pensamento que não lhe saía da mente, o italiano percebeu que já não teria mais qualquer satisfação com a bebida e decidiu ir embora.

Ébrio, bateu com força o copo sobre o balcão. Todos olharam para ele.

— O que foi? — indagou Brian.

— Nada! — resmungou Pina. — Estou cansado! Vou dormir!

— Ui! Ui! — ironizou o irlandês. — Acho que alguém está com peso na consciência!

— Não me perturbes! Com a raiva que estou, posso bem te quebrar a cara!

— Ei, desculpa-me amigo! Não quis te irritar! — retrucou o outro, erguendo as mãos, em sinal de paz.

Frank não respondeu nada. Estava tonto demais para articular qualquer observação. Brian também não alongou o assunto. Sabia que aquela ameaça era apenas uma bravata de bêbado, mas era prudente não forçar a situação. Ele observou Pina saindo, e lançou, pelas costas do amigo, um sorriso amplo de escárnio, certo de que o pedágio do escrúpulo cobrava o seu elevado preço.

Jogando uma moeda para o atendente, Brian também decidiu ir embora. Apressou-se, pois queria encontrar o italiano. Nevava muito e do jeito que estava ruim, Franco corria o risco de dormir ao relento e acabar congelado.

Nesse instante, do lado oposto da grande casa, Laura começava a empreender sua jornada de retorno. Porém, ao se esconder entre as árvores nuas, não encontrou os algozes.

Ademais, a atenção de Brian logo se deteve em um vulto que permanecia sentado em um montículo de neve. A cabeça do homem tombara para frente e ele começava a pegar no sono.

Augustus estimulava Franco a se levantar, mas era inútil. O italiano quase perdera a consciência, tal era o seu estado de embriaguez. Vendo que Brian se aproximava, instou-lhe a tomar uma atitude, dizendo:

— Ajuda-o!

O'Neil riu alto e gritou para o vazio, como se conversasse com alguém:

— Sim! Sim! Eu vou ajudá-lo! Eu nem sei porque faço isso, mas vou ajudar esse miserável!

E depois, enlaçando o amigo, bradou:

— Levanta, Frank! Levanta, desgraçado!

O esforço foi demais e o irlandês se embaralhou com o italiano, rolando ambos sobre o tapete branco de gelo. Brian riu, divertido. Pina permanecia entorpecido.

Augustus olhou para Laurinda, preocupado.O guardião sabia que os dois tinham de sair dali. Caso contrário, acabariam congelados. A temperatura era de quase dez graus negativos e o vento cortante praticamente dobrava a sensação de frio.

— Vamos Brian! Levanta! Vós não podeis ficar aí! — instava Augustus.

— Está bem! Está bem! Eu vou levantar! Eu sei lá porque, mas vou levantar! Não me aborreças mais!

Excitado pelo álcool, o cérebro de Brian tornava-se mais receptivo à captação da sugestão mediúnica. Isso por si só não acrescentava muito, porque sua condição de embriagado anulava qualquer condição de analisar com critério aquelas palavras que ele julgava serem produtos de sua própria mente. Confuso, o irlandês não sabia se realmente conversava consigo mesmo ou com alguma sombra. E ele nem se importava com isso. Rindo muito, em lastimável estado, ele segurou Pina e levantou-o, puxando o amigo pela gola do casaco.

Com muito esforço conseguiu erguer a si e ao companheiro. Arrastaram-se ambos até o carroção que haviam tomado emprestado e demandaram à pocilga escura que Brian chamava de casa. Lá, desabaram sobre um colchão imundo, completamente inconscientes.

Vendo-os a salvo, Augustus dirigiu-se a Laurinda e exclamou:

— Rápido! Precisamos ver Laura! O perigo não acabou!

A filha de Giácomo andara vários quilômetros. Temendo ser apanhada, ela se desviara da estrada, perdendo-se na floresta. Abrigara-se sob um velho telheiro de caçadores, aberto nas laterais e já em ruínas. Depois, sem suportar a temperatura inclemente, buscou novamente o caminho conhecido. Encontrou-o depois de longa procura, mas sentia-se então exausta. O ímpeto inicial de refugiar-se em sua casa desvanecera-se e ela perdera a coragem. Desorientada, tiritando de frio, ela estava a ponto de mais uma vez desistir de tudo. A filha de Giácomo tinha visto as luzes de algumas residências rurais, mas teve receio e vergonha de pedir ajuda. Sem ânimo algum, a jovem se encolheu em um canto da estrada. Encostada em uma árvore, fechou os olhos, esperando pela morte libertadora. Não tivera coragem para cortar os pulsos, mas acreditava que morrer de frio deveria ser bem mais tranqüilo; quase indolor.

Uma lágrima, irmã das muitas que já vertera durante aqueles anos, caiu sobre o seu vestido. Ela enxugou o rosto com as costas das mãos. Considerou que estava frio demais até para chorar. Sem se demorar em outras considerações, Laura deitou-se na neve fofa. Nesse instante, Augustus ajoelhou-se ao seu lado e lhe insuflou pensamentos otimistas.

— Coragem Laura! Falta pouco agora! Tu conseguirás!

— Não! Estou deveras cansada! — lamuriou-se a jovem. — Quero paz! Quero dormir e não acordar mais!

— Deves viver, Laura! Nós vamos tentar te ajudar! Faremos o máximo por ti! Pensa em teu pai! Ele sofrerá muito!

— Meu pai... Ele nem ficará sabendo que morri!

— Não desertes da vida e dos teus compromissos, Laura! Poderás ainda voltar para casa, para a Itália!

— Eu queria voltar para casa! Mas é tarde demais agora!

— Não, não é! Tu conseguirás!

Laura pensava estar efetuando um monólogo, enquanto percebia que estava perdendo a sensibilidade no corpo. Augustus sentiu que se a filha de Gualfrani não reagisse, a hipotermia logo a mataria. Laura meneou a cabeça, desarvorada:

— Estou fraca! Não tenho a quem recorrer!

Desta feita Laurinda adiantou-se:

— Tu tens a nós, minha pequena! Eu não estou contigo no plano físico, mas velarei por ti até o fim dos tempos! E pensa no teu pai, que te ama tanto!

— Meu pai! — balbuciou ela — Perdoa-me pelo que te fiz sofrer! Hoje reconheço que eras o meu verdadeiro amigo e protetor! Que ingrata eu fui!

— Tu podes reverter isso, Laura — insistiu a sombra de Laurinda. — Giácomo é um homem generoso! Ele te acolherá em seu regaço de paz!

— Não! — concluiu ela. — Ele jamais vai me perdoar! Eu o enganei! Eu o humilhei perante todos!

— Só terás essa certeza se voltares para a Itália! Coragem, minha filha! Ainda não é tempo de te entregares ao desespero! Tua missão não foi concluída! Tu és muito jovem para morrer! Não cometas mais esse crime! Volta para casa! Franco pode mudar de idéia! Quem sabe se não é esse o desejo de Deus?

Esse último argumento pareceu influenciar Laura. Ela se levantou e disse:

— Ainda é cedo para morrer! Devo voltar para a Lombardia!

— Isso Laura! Levanta! — exortou Augustus.

E a jovem, embora sentindo as mãos e os pés absolutamente congelados, pôs-se a caminhar em direção à sua casa. Quase uma hora depois ela atingiu o abrigo. Não havia lenha ou fogo, mas ela se enrolou em cobertas pesadas e conseguiu ao menos eliminar o frio insuportável. Esgotada, deitou-se na cama e deixou-se dominar pelo sono profundo.

O Espírito Laura desdobrou-se e conversou longamente com Augustus e Laurinda. Mas quando voltou para o corpo, guardou apenas uma sensação vaga de otimismo e esperança.

Esses dois sentimentos desapareceram em um segundo, na manhã seguinte, porque logo cedo, a porta do quarto foi escancarada com um estrondo. Brian e Frank tinham sido avisados casualmente pela viúva Sarah de que Laura estava em casa. Ela tinha ido cobrar o aluguel atrasado de seus inquilinos e comentara que a jovem voltara tarde da noite. A proprietária ouvira o barulho da porta e correndo até a entrada principal, vira Laura chegar, cambaleante e quase congelada.

Ainda que ambos estivessem abalados pela inevitável ressaca, eles foram ao quarto para se certificarem de que aquela informação era verdadeira.

Foi Brian quem entrou primeiro, gritando:

— O que fazes aqui?

Laura acordou assustada com o barulho. Augustus, que permanecera no ambiente físico para influenciar Pina, aproximou-se dele e lhe sugeriu:

— Tu vais permitir que O'Neil faça isso?

Todavia, o milanês não reagiu. Envergonhado, fitou o chão e nada disse.

— Eu fugi! — esbravejou Laura. — Prefiro morrer a levar aquele tipo de vida!

Brian tentou rir, mas conseguiu apenas ser sarcástico:

— Morrer? Não, querida! Tu vais viver muito!

Laura voltou-se para o agora ex-marido, estimulando-o ainda mais diretamente do que Augustus o fizera:

— Franco! Franco! Eu não acredito que tu vais deixá-lo tratar-me assim, como uma qualquer!

Pina, porém, virou-se para não contemplar a figura acusatória de Laura. O libelo era por demais verdadeiro para que pudesse encará-lo face a face. Além disso, a dominação que Brian exercia sobre ele era irresistível.

— Não adianta! — asseverou o irlandês. — Teu marido concordou em te vender para o Cunningham! Agora tu és dele! Pertences a ele! Farás o que te for exigido!

— Jamais pertencerei a ele! Ou a qualquer um dessa laia! Eu sou livre, não uma escrava! Mata-me Brian, porque assim te pouparei de muitos dissabores! Pediria isso ao meu marido, mas ele é tão covarde que sequer teria coragem de fazê-lo!

Franco não respondeu. Permaneceu de costas. Brian adiantou-se, segurando Laura pelo pulso, com força.

— Matar-te? Pois sim! Como se eu também pudesse! Tu vais voltar para o Cunningham, nem que sejas amordaçada!

— Não voltarei! Franco, ajuda-me! Não acredito que tu és tão canalha assim!

— Tu me destruíste, Laura! — foi a tímida justificativa de Franco. Ele não ousava olhar para a esposa. A jovem, em absoluto descontrole, lançou ao italiano uma ofensa final:

— Não acredito! Esse não é o homem com quem me casei!

— Franco! Proteja-a! — intercedeu Augustus. Mas o italiano permaneceu parado como se tivesse sido congelado pelas forças hipnóticas de Brian. O irlandês, sentindo que não seria bom se Laura continuasse instigando seu subordinado, avançou, brutalmente:

— Cala-te! Tu falas demais! Eu vou te levar de volta! Por bem ou por mal! Como vai ser?

— Por mal! — defendeu-se a jovem, disposta a um confronto físico. Percebendo-lhe a intenção de resistir, Brian O'Neil desferiu um tapa tão violento na face de Laura que ela, enfraquecida, rolou para o lado e caiu desacordada.

Desta feita, Pina, enojado com semelhante violência, comentou:

— Isso não é necessário!

— Tarde demais para arrependimentos! É melhor assim! Eu não quero ter de fugir de novo! Se o Kevin se sentir enganado, seremos ambos mortos!

Caiu um pesado silêncio. Olhando para os lados, Brian completou:

— Vamos levá-la até o carroção do Philson!

Franco Pina segurou sua esquálida mulher no colo. Ela estava leve como uma pluma, devido a sua magreza extrema. Uma lança funda de arrependimento cravou-se no peito de Pina e ele exclamou, numa débil tentativa de reação:

— Não haverá outra maneira?

— Só se quiseres morrer!

O dia ainda estava frígido, mas nesgas de céu azul despontavam no horizonte.

Atravessando pela porta, Franco colocou Laura na carroça, sob os olhares desconsolados de Laurinda e Augustus. A tentativa do bem em evitar uma tragédia havia falhado. Aparentemente o mal triunfara, vencendo mais um embate na longa disputa pelas almas humanas...

Fim da Segunda Parte

TERCEIRA PARTE

"O homem não foi feito para a derrota.
Ele pode ser destruído, mas nunca derrotado"

Ernest Hemingway

Capítulo Primeiro

Infâmia

Laura foi levada de volta ao bordel quase aos arrastos. Ela despertou no meio do caminho e Brian teve de amarrá-la para que não fugisse. Pina não acompanhou o amigo. Ele estava destruído demais para fazer da canalhice um ato heróico.

O irlandês pareceu dar conta do recado. Para divertir-se e para humilhar Laura, subjugando-a espiritualmente, insultava a pobre vítima o tempo todo:

— Então... — dizia ele. — Acreditava-se boa demais para mim, não é? Pois saibas que doravante serás minha; pertencerás a mim! O tonto do teu marido quis se livrar de ti! Mas eu não desprezarei tão formosa prenda! Serei um bom patrão! Na verdade, é justo que eu seja o teu primeiro cliente, para ensinar as obrigações que te esperam! Pode-se dizer, mesmo, que eu serei como um padrinho!

— Cafajeste miserável! — bradava Laura.

Brian não se incomodava com a defesa desesperada da jovem, mas, por muito oprimi-la, teve de suportar berros cada vez mais altos. Em um certo ponto a gritaria se tornou tão grande que ele parou o carroção para amordaçar a italiana, cobrindo-a com uma lona.

Foi nesse estado que Laura chegou ao bordel. Kevin recebeu-os na porta dos fundos com a expressão furiosa de quem se sente logrado. De imediato, submeteu o irlandês a um agressivo interrogatório. Por fim, questionou o motivo da fuga.

— Não, ela não fugiu! — esclareceu O'Neil. — Teve apenas uma crise de saudades!

— Espero, — retrucou Cunningham com uma postura ameaçadora — que ela não tenha uma nova crise! Do contrário, tu irás me devolver o adiantamento, até o último centavo!

E a seguir, antes de entrar, deu uma ordem incisiva:

— Leva a garota para dentro!

Um breve estio desanuviara o ambiente e o sol tímido iluminava a copa das árvores desfolhadas.

O irlandês foi até a carroça e ergueu a jovem aos solavancos, depois de desembaraçá-la das cordas e da mordaça. Botou-a no chão e advertiu:

— Presta atenção! Muita atenção! Se gritares ou tentares qualquer coisa, vou te bater e bater forte! Não tens ninguém aqui para te proteger, exceto eu! Então, farás tudo o que eu mandar! Porque se fizeres algo que não me agrade, pagarás caro!

E nesse momento, ele tirou do bolso um papel dobrado. Laura olhou sem entender, mas isso foi por poucos instantes, pois O'Neil logo rugiu:

— Sabes o que é isso?

A mulher de Pina não sabia e permaneceu muda. Brian esboçou um sorriso vitorioso. Balançou o papel no ar e disse, triunfante:

— É o endereço de uma certa família, na Itália! Uma família bem conceituada, ao que parece! De um comendador! E acho que esse rico senhor não suportaria saber que sua filhinha leva uma vida devassa! Como seria se o senhor... Qual o nome, mesmo?

E ele desdobrou a folha. Era um artifício, para causar impacto e quebrar a resistência moral de Laura, porque, de fato, ele sabia de cor o nome de Gualfrani.

— Vejamos... — fingiu ele — A letra de teu marido é terrível, não? Foi ele quem escreveu o endereço! Ah, sim! Aqui está! Giácomo Gualfrani!

Os olhos de Laura se dilataram ao reconhecer a letra de Franco. Ela sabia que uma revelação dessa, mesmo mentirosa, acabaria por matar seu pai. Com o remorso assaltando-a, não queria golpear a família mais do que já o fizera.

Por isso, tentou tirar de Brian a importância de seu trunfo. Nunca daria ao inimigo um ponto de apoio para a extorsão.

— Como se tu soubesses escrever, seu ignorante! E, além disso, o que me importa? Assim que puder, vou me matar!

— Se fizeres isso, teu pai ficará sabendo que além de pervertida, a filha era também uma suicida! Uma qualquer que vai de corpo e alma para o inferno!

Laura manteve-se firme, tentando desprezar a chantagem de O'Neil. Fez um gesto de insultuoso desafio. Brian torceu-lhe o braço, imobilizando-a pela dor.

Levada para um cômodo reservado, a jovem ficou cara a cara com Kevin. O proxeneta apertou as bochechas da italiana com a mão e avisou:

— É melhor que não tentes fugir novamente! Do contrário, haverá motivos de sobra para que tu sintas medo!

E virando-se para Mathilda, Cunningham deu novas ordens:

— Para cima com ela! E desta feita, que fique bem vigiada! Tu serás responsabilizada por qualquer atitude impensada dessa menina!

Mathilda trocou rapidamente a brandura de outrora pela rispidez. Laura julgou que ela tinha sido admoestada de modo brutal pela fuga. Chegando ao quarto, Mathilda indagou, séria:

— Será necessário que eu te prenda?

A filha de Gualfrani balançou os ombros, indiferente, mas compreendendo que, de uma maneira ou outra precisaria de aliados se quisesse sobreviver por ali, externou:

— Tanto faz! Não vou mais fugir! Não tenho para onde ir!

E nesse instante, sem saber o porquê, recordou-se das proféticas palavras de Étore Balesteri: "Quando o jardineiro tiver te abandonado como se faz a uma mulher perdida, lamentarás amargamente ter recusado a minha proposta".

Mas a voz aguda de Mathilda não deu ensejo a qualquer reflexão de Laura.

— Melhor assim!

E a velha meretriz atenuou a expressão rigorosa.

Nos dias que se seguiram, Mathilda foi ensinando para sua pupila o árduo caminho das pedras na rotina de uma casa daquela espécie. Kevin não exigiu que ela começasse logo. Ele esperava que a italiana se reabilitasse dos longos períodos de fome e que sua expressão ganhasse viço, ou ao menos resignação. Isso durou quase duas semanas.

Apesar do atrito e de sua postura quando da fuga de Laura, Kevin Cunningham era afamado por tratar bem suas "meninas", de maneira que ele procurou ser paternalista com a italiana. Laura percebeu que ele não era um homem mau por natureza. Era apenas um Espírito pervertido pelas ilusões do ganho e de uma vida fácil. Todavia, ela ficou sabendo que, quando contrariado, Cunningham assumia uma postura que não raras vezes chegava a extrema violência. Mathilda afiançara que Kevin já matara mais de uma vez e que vários de seus desafetos estavam enterrados nos bosques adjacentes.

Porém, no geral, Kevin era polido e gentil, além de ter um humor refinado, consoante as necessidades exigidas para uma taverna de classe média.

Curiosa, Laura quis saber mais sobre o seu novo patrão. Afinal, dele dependiam os rumos futuros de sua vida:

— Mathilda, o Cunningham não usa as suas meninas?

A velha dama riu, divertida.

— O Kevin? O Kevin não! Não percebeste nada? Estás aqui há quase vinte dias e ainda não reconheces um pederasta quando vês um?

Novamente Laura recordou-se de Étore. Mas não respondeu nada. Apenas sorriu. Mathilda explicou, serena:

— O Kevin gosta de meninos...

— Queres dizer que...

— De preferência bem jovens... Tu não viste que na casa há alguns garotos?

— Pensei que fossem funcionários do bar e das cocheiras!

— Também! Mas nas horas vagas fazem o discreto trabalho de amantes e são bem remunerados por isso! Não te iludas! Ficarás espantada ao ver que muitos desses senhores respeitáveis que aqui estão, não o estão por nós! O Kevin fornece o que eles querem! O Malaquias, o menino do bar, é o preferido; não só pelos clientes como também por Cunningham! Portanto, jamais flertes com ele!

Laura pareceu chocada com aquelas revelações. Ela não sabia que existiam prostíbulos que se dedicavam à pederastia. Mais tarde ela descobriu que algumas das suas colegas eram, na verdade, homens travestidos.

A sodomia, como sempre, era um crime execrado naquelas áreas de colonização puritana. No século XIX, a prática do homossexualismo era tachada como um mal psíquico; uma disfunção de ordem orgânica e mental. As punições eram previstas em lei, mas isso não inibia o delito. As casas de tolerância permitiam que tais relações ocorressem livremente, sob as vistas grossas de uma polícia que em geral lucrava com o suborno e com a corrupção.

Laura estranhou a ausência de Brian, que desapareceu por um bom tempo. Mas numa noite ele chegou, pronto para cobrar seus direitos. Mathilda avisara que a italiana estava recuperada e que poderia, portanto, começar a trabalhar. Nesta altura, a dívida de Laura, entre estadias e alimentação já se tornara impagável. De qualquer forma, O'Neil esperava que o capital humano investido começasse a dar o retorno imprescindível.

Enquanto tudo isso transcorria no plano físico, os amigos espirituais de Laura trabalhavam no sentido de libertá-la de tão indigno cativeiro. As ações haviam se concentrado, como não poderia deixar de ser, em Pina. Augustus insuflara um desconforto mental que, somado aos próprios tormentos, imprimia na alma do carbonário uma depressão profunda. O jovem rebelde era acutilado pelo remorso, mas procurava esquivar-se da ação de Augustus buscando no álcool o descanso para suas aflições. Laurinda era mais realista do que Augustus e percebia que Pina jamais voltaria atrás em sua atitude, pois além de não querer, ele não tinha como fazê-lo, alijado que estava de recursos monetários. A mãe de Laura, ansiosa em ajudar, pressionava o mentor de Laura. Este, porém, reagia com calma e afirmava, a título de consolação:

— Ao menos ela já não pensa mais em se matar!

— Sim, mas não conseguiremos livrá-la de tamanha infâmia!

— Laurinda, nós devemos confiar em Deus! Na primeira oportunidade que tivermos, livraremos tua filha do calabouço!

Mas as sinistras perspectivas de Laurinda se concretizaram com a chegada de Brian. A jovem italiana já tinha sido preparada psicologicamente por Mathilda. No dia anunciado, Laura se prostrara, a chorar de dor e nojo. Procurava desesperadamente por uma saída, e, por mais esforço que despendesse, reconhecia que não tinha o que fazer. Pensava em matar aquele pária, e, todavia, sabia que não teria nem força, nem coragem para tanto.

Isolada no quarto, Laura esperava, agitada como uma ovelha no holocausto. Seu coração pulsava apressado e os olhos baixos se mantinham presos ao chão. Ela sabia o que aconteceria. Mathilda a avisara e mesmo sob protestos, ajeitara o novo figurino de Laura com esmero.

Quando a porta se abriu e por ela entrou Brian, o sangue de Laura gelou. Pensou que desmaiaria, mas para sua infelicidade sentiu apenas uma leve vertigem. Ela não teve a benção da inconsciência.

O irlandês parou a dois passos de distância, fitando-a com olhar cúpido. Notou que Laura estava bem arrumada, o que realçava a sua beleza. Também haviam desaparecido as olheiras e o aspecto macilento que a fome provocara. Ela estava, na verdade, espetacular.

Agora eles se lobrigavam como dois animais em confronto por um território. Brian sabia que era o dominante. Por isso sorriu e começou:

— Então! Hoje é o dia da tua estréia! Devo dizer que mesmo sendo uma idiota, tu estás bela!

Laura não se deu ao trabalho de responder. Isso irritou o irlandês. Ele se aproximou, olhando fixamente para a jovem. Preparava o bote. Laura recuou, sentando-se na cama. Ele avançou ainda mais. As mãos da filha de Gualfrani agitaram-se, como se buscassem um instrumento de defesa por perto. Mas não encontraram nada. Brian ergueu-lhe o queixo com o indicador e disse:

— É, de fato! Acho que foste bem tratada aqui! Estás ou não estás melhor do que quando moravas com o palhaço do teu marido?

Laura não agüentou mais e ergueu-se na ponta dos pés. Temia apanhar, mas decidira não se entregar sem luta.

— Poderás ter o meu corpo à vontade, calhorda! Mas sobre a minha alma, tu nunca exercerás o menor controle...

O'Neil não pareceu nervoso. Ele riu com a observação e cínico, respondeu:

— Por enquanto, ficarei satisfeito apenas com o corpo!

E dito isso, empurrou Laura para a cama. Ela caiu, e quando Brian se curvou para dominá-la, Laura tentou cravar as unhas no rosto dele. O irlandês afastou as mãos da jovem. Todavia, quando começou a se desvencilhar da roupa, ele sofreu um novo ataque que, desta feita, foi bem sucedido. Riscos diagonais marcaram o lado esquerdo da face de Brian. Ele recuou, urrando de dor. Laura sentou-se na cama, vendo que conseguira ferir o irlandês apenas com as mãos. O'Neil sentiu um ardor incrível no rosto e ao passar os dedos sobre os vincos, percebeu que estava machucado.

Alucinado, esmurrou Laura violentamente. Com o impacto, a jovem caiu para trás, atordoada.

— Agora... — disse ele, feroz — Tu vais pagar com juros o que me fizeste! Vou te ensinar boas maneiras!

Enquanto Brian despia-se, a italiana ousou erguer-se. Recebeu novo soco, tão violento quanto o primeiro. O sangue escorreu pelo seu nariz. Ela ficou entontecida e mal percebeu quando Brian rasgou-lhe a roupa, atirando-se sobre ela com a delicadeza de um abutre. Sem querer, O'Neil abençoara Laura com o que ela mais desejara naquele momento: a inconsciência.

Capítulo Segundo

A Guerra

A primeira visita de Brian O'Neil foi seguida de uma segunda e depois de várias outras. No começo, Laura resistira heroicamente. Os espancamentos contínuos deixaram marcas em seu corpo e em seu Espírito, pois apesar de tudo, agora ela não mais perdia a consciência. Órfã, talvez, da coragem dos suicidas, a filha de Gualfrani teimou em viver e ao cabo de alguns dias, desistiu de lutar contra Brian. A resistência tivera, ao menos, um lado positivo. Com as manchas roxas pontilhando seu rosto, braços e pernas, ela não fora levada para o trabalho no cabaré. E depois de um tempo, cansada de apanhar, Laura entregava-se sem esboçar qualquer defesa significativa. Para suportar O'Neil e as sessões de terror, ela se transportava em pensamento para lugares bem distantes e pintava paisagens idílicas em sua alma.

A filha de Gualfrani não podia saber que semelhante violência compunha a parte menor de um plano elaborado por Kevin. Este projeto, adrede calculado, visava dominá-la completamente. O proxeneta já havia usado essa tática outras vezes, sempre com sucesso.

Era uma receita fácil, porquanto assim que O'Neil se retirava, saciado, Mathilda trazia para Laura um suposto remédio, que não era outra coisa senão ópio. O objetivo de Kevin Cunningham ao ministrar esse soporífero era provocar em Laura uma dependência tão forte que ela aceitaria fazer qualquer coisa para obter a droga, inclusive prostituir-se. Ao mascar a substância, Laura tinha uma forte sensação de euforia, seguida por sonhos maravilhosos e vertigens paradisíacas. Mathilda, penalizada de semelhante sorte, dava para a jovem pequenas doses, tentando evitar um vício, que em geral, acabava levando à morte.

Contudo, quando Laura começava a se afeiçoar ao ópio, um imprevisto ocorreu. Os reiterados estupros de Brian O'Neil produziram um efeito colateral: antes mesmo de começar a trabalhar no prostíbulo, Laura percebeu que estava grávida.

Brian teria ficado perplexo se soubesse de tal fatalidade. Mas a verdade é que, enquanto ele continuava a desfrutar de sua licenciosidade inconseqüente, um novo acontecimento, de fato já aguardado há algum tempo, sacudiu o país.

Desde fins de 1860, a situação americana se agravara. Os estados do sul proclamaram uma crescente autonomia, fechando a discussão a respeito da escravidão. O presidente Buchanan, e depois Lincoln, tentaram, na medida do possível, evitar a secessão e a guerra. Novos acordos federativos foram propostos no congresso, mas as barganhas falharam fragorosamente. O bombardeio do forte Sumter, na Carolina do Sul, pelos confederados, em abril de 1861, desencadeou a guerra.

Como sempre, de início todos pensaram que o confronto seria um entrevero de pequeno porte. Mas, aos poucos, a intransigência fez crescer a perspectiva de uma guerra em escala nunca antes vista.

Em Nova York, uma parcela considerável da colônia irlandesa, movida ou por desespero econômico ou por interesse político, aderiu ao governo republicano de Lincoln. Logo, uma brigada foi recrutada e começou a receber treinamento, enquanto a movimentação para as batalhas crescia. Pequenas escaramuças ocorriam ao longo das fronteiras, porque o presidente evitava o confronto irreversível e aberto. Mas percebendo que os rebeldes não voltariam para a União, Lincoln ordenou o começo das hostilidades.

Brian não se preocupava com a causa em si, mas ficava excitado com a perspectiva de uma aventura bélica. Ele ouvira muitas das lorotas de Pina sobre a guerra da Criméia. Adido como estudante de jornalismo no exército do reino do Piemonte, Franco havia se tornado um estafeta. Nunca participara das ações bélicas contra os russos. As estórias que contava eram outras, porém. Narrava aventuras heróicas, gestos cavalheirescos, atos de desprendimento e genuína nobreza. O'Neil acreditava que Franco testemunhara tudo aquilo no campo de batalha. Pina realmente presenciara, mas ficara bem longe do perigo, já que sua missão era entregar mensagens de um lado para outro.

Assim, quando a notícia da guerra chegou em Boston, tanto Franco como O'Neil ficaram empolgados e correram para postos de alistamento, tentando dar um sentido maior para suas inúteis vidas.

Pina não procurou por Laura nem antes nem depois de se oferecer como voluntário. Sequer cogitava tal possibilidade. Para ele, a filha de Giácomo morrera. Não queria pensar nela. Tampouco, o dinheiro proveniente da exploração de sua esposa o interessava. Ele preferia que O'Neil cuidasse desse assunto.

Brian, no entanto, tinha ambições bem mais palpáveis e lucrativas. Kevin lhe assegurara que, quando a italiana começasse a desempenhar as suas funções, ele receberia sua parte. Nessa altura dos acontecimentos, Cunningham ignorava a gravidez de Laura.

Dessa forma, eles foram para Nova York. Lá, Brian esperava encontrar seus antigos camaradas das docas. Segundo ficara sabendo, eles estavam ingressando em um regimento só de conterrâneos. Brian tomava tudo aquilo como mera diversão. Calculava que em um ano, no máximo, a aventura teria terminado.

Naquela urgente necessidade, o governo federal, através dos estados da União, não excluía os desclassificados do alistamento voluntário. Ao contrário. Esses homens sem raízes e sem moral geralmente se tornavam bons soldados. A verificação feita era sempre bastante superficial e não se preocupava muito com o passado dos recrutas. Pina e Brian souberam disso quando foram interpelados pelo sargento escrevente.

O sargento, um homem forte e de bigode descomunal, desconfiou que Pina não era irlandês pelo tipo físico e pelo sotaque. Fitando o italiano por baixo dos olhos, interrogou:

— Nome?

— Pine, Frank Pine.

— Idade?

— Vinte e sete!

— Profissão?

— Jornalista!

— Jornalista?

— É, jornalista!

— Tu vais lutar ou cobrir a guerra?

— Ambos, se possível!

— Hum! — exclamou o sargento. Depois de alguns segundos, observou:

— Tu não aparentas ser da Irlanda! Em qual cidade nasceste?

— Não sou irlandês! Sou italiano, de Milão!

— Esta é uma brigada só de irlandeses! Tu não sabes disso?

Brian, que estava logo atrás, interveio, para apoiar o amigo:

— Ele não é irlandês, sargento! Mas é um bom católico! Isso não ajuda?

O sargento sorriu e virando o livro de alistamento para que Pina assinasse, completou, maliciosamente:

— Para se tornar um irlandês, nesta terra, basta ser bom católico!

E foi assim que Frank Pine e Brian O'Neil ingressaram no exército da União.

A brigada irlandesa deslocou-se para o sul, ficando estacionada em treinamento. Até setembro de 1862, foi poupada de combates relevantes. Era, portanto, uma unidade bisonha e inexperiente; a maior parte de seus homens nunca tinha participado de uma batalha de grande envergadura.

Contudo, nessa época a guerra recrudesceu. O general da confederação, Robert Lee, empreendia uma manobra de cerco contra Washington, levando a guerra ao território do norte. Para bloquear esse perigo, tropas federais foram colocadas no caminho do exército de Lee, em uma área inundada por um pequeno rio, o Antietam.

Apesar da pouca experiência em combate, tanto Frank quanto Brian tinham se tornado soldados calejados. E dentro de poucos minutos eles teriam de provar o seu valor. A brigada irlandesa receberia seu batismo de fogo naquele dia de fim de verão.

Amanhecia e do alto de um morro os soldados nortistas contemplavam o extenso milharal do campo adjacente. Ao longe, eles podiam vislumbrar a massa cinzenta que se deslocava atrás das cercas de madeira das propriedades rurais e das trincheiras improvisadas. Eram os soldados da confederação que estavam em posição de combate.

Ao contrário de Pina, que permanecia bastante calmo, Brian demonstrava um grande nervosismo. O italiano olhou para o companheiro, enquanto as cornetas vibravam no ar. Ecos longínquos do canhoneio podiam ser escutados por todos.

— O que há? — indagou Pina. Sob o manto do uniforme, o italiano se transformara. Se como civil Pina ostentava uma pusilanimidade gritante, como militar ele era firme e seguro. Na verdade,

Pina se sentia talhado para grandes feitos. A vida comum de paisano sem importância o desorientava.

Já O'Neil amava demais a vida para se arriscar por nada e começava a sentir um grande arrependimento por entrar naquela confusão que não lhe dizia o menor respeito.

A resposta de Brian espelhava bem o seu desconforto.

— Nada! É a expectativa!

Nesse instante, um oficial correu na frente das fileiras, cerrando com o sabre a linha compacta que avançaria pelo campo abaixo, rumo ao milharal.

— Isso é normal, não temas! — exclamou Pina, quase sorrindo.

— É fácil para ti! Mas eu nunca vi algo assim!

Agora Pina ria.

— Não vai ser pior do que na Criméia!

— Foi feio lá?

— Não para mim! Era um mensageiro! Vi muito sangue, mas sempre estive seguro! Agora não, agora vamos ter ação de verdade!

— Bastante consolador!

Pina gargalhou, enquanto o tenente continuava gritando ordens. O italiano observou o campo à sua frente. O vento suave balançava o milharal, que se agitava em ondas sucessivas como um desfile de lanças emplumadas. Era uma bela paisagem rural. Pina recordou-se de sua Itália querida e das lutas que lá haviam ocorrido em sua ausência.

O tenente olhou para Pina, sem compreender porque aquele homem ria. Afinal, eles teriam de avançar por um campo largo, quase a descoberto. A artilharia daria umas salvas no inimigo, mas a eles caberia empurrar os confederados de volta para o sul. Seria uma missão árdua, quase suicida. O oficial, um sujeito de tamanho insignificante, mas destemido, imaginou que Pina ignorava a periculosidade da situação. Ele ordenou que os homens carregassem as armas e para esclarecer definitivamente a realidade, iniciou um breve discurso:

— Homens! Hoje é o dia! A nós coube a gloriosa missão de deter Lee e mandar os caipiras de volta para casa!

O oficial então fez uma pausa. Espraiou o olhar pelas suaves colinas e apontando para o sul, completou:

— Nós teremos de passar pela plantação e depois fixaremos posição nas cercas. Ali estaremos em vantagem de tiro! Mas até atingirmos esse ponto, ficaremos vulneráveis! A artilharia nos dará cobertura! Manteremos a posição o tanto quanto possível, pois outros batalhões nos sucederão, para sustentar o ímpeto do avanço! Agora, é possível que encontremos o inimigo no milharal! Nesse caso, devemos lutar até expulsá-lo definitivamente! E lembrai-vos que a Irlanda nos olha nesse momento! Fazei com que o mundo veja o quanto vale o sangue de um irlandês!

Um grito de euforia varreu a companhia de vanguarda e todos se prepararam para o confronto.

Ao ver Pina vibrar com entusiasmo, Brian ainda brincou:

— E pensar que tu não és irlandês!

O italiano olhou para o parceiro e retrucou, enquanto a marcha começava:

— Preferia lutar por meu país, mas guerra é sempre guerra!

O pálio verde-escuro do regimento, que tinha entre outros símbolos uma lira e um trevo de quatro folhas, flutuou no espaço vazio, mostrando aos rebeldes que a luta, naquele setor da batalha, estava prestes a acontecer.

Um ritmo cadenciado de tambores era o som abafado que competia com o barulho distante das detonações.

O coração de Brian batia acelerado. Ele tremia, esperando escapar com vida daquele ataque que se insinuava feroz.

A resposta dos confederados não demorou; explosões seguidas faziam o ar vibrar estranhamente. Pés de milho dobravam-se ao meio e caíam como se fossem homens atingidos no estômago, ceifados pelo fogo da metralha.[22]

No outro lado, na linha avançada dos confederados, o comandante gritava:

— Atiraremos quando eles estiverem bem visíveis! Mirai na barriga! Só atirai quando enxergardes o cinto! Vamos ensinar esses patifes! Vamos mandá-los para o inferno!

Os ianques desceram, incólumes, a primeira coxilha e galgaram o topo da segunda, que era adjacente ao milharal. Depois deste estava a cerca, numa ravina, na qual se agrupava uma significativa força confederada.

Ao atingirem o topo da segunda colina, os soldados da união ficaram visíveis e a distância de tiro dos confederados. Estes, porém, não alvejaram de imediato. Como bons caçadores, esperaram o momento certo, com ódio e calma.

Os oficiais confederados, experientes na arte da guerra, sabiam que um tiro dado em ângulo ascendente tende a se perder, se o alvo não estiver completo. Por isso retardavam ao máximo o momento da salva, refreando o instinto natural do soldado em descarregar a arma tão logo o inimigo esteja na mira.

— Firmes! — berrou o tenente da União ao perceber que já tinham virado um alvo bem exposto. Sentindo que nessa hora crítica, muitos poderiam vacilar, ele insistiu:

— Prossigamos! Firmes! Firmes! Continuemos a marcha!

Gotas de suor desciam pela testa de Brian e sua mão mal sustentava o rifle. Ele estava pronto para fugir ao menor indício de hesitação no ataque.

---

[22] Não confundir com metralhadoras. A metralha era uma lata de zinco, repleta de bolinhas de chumbo, colocada em um canhão. A detonação esmigalhava a lata e as bolinhas se espalhavam em um grande raio de ação. Inútil a longa distância, tinha, no entanto, um grande efeito psicológico sobre as massas atacantes.

Essa era uma hipótese bem plausível porque os rebeldes estavam decididos a resistir a todo o custo. O oficial confederado, competente, aguardava o instante certo para provocar aquela hesitação tão esperada por O'Neil. Ele gritava:

— Atenção! Preparar! Apontar! Ainda não! Ainda não! Calma! Calma! Agora! Fogo!

E uma descarga mortal choveu sobre os atacantes. Os porta-bandeiras foram os primeiros a sucumbir. Eles eram alvos prioritários porque a queda dos estandartes era sempre um fator de desalento.

Pina ouviu os disparos e sentiu que o ar era cortado por projéteis mortais. Vários soldados tombaram, incapacitados para o combate; alguns caíram mortalmente feridos. O jovem tenente da União ordenou que estacassem e fizessem pontaria contra os sulistas. Mas enquanto se organizavam, um nova carga abriu mais espaços nas fileiras irlandesas.

O'Neil sentiu um choque em seu ombro no instante em que disparava, meio a esmo. Na hora não teve certeza se tinha sido ferido, pois apenas conseguiu observar que alguém ao seu lado caíra para trás. Brian olhou de soslaio procurando por Pina, mas na confusão reinante, não conseguiu achá-lo. Uma nova ordem de avanço ecoou no ar e Brian respondeu automaticamente, descendo junto com os companheiros pela encosta, penetrando no campo de milho. Na pressa, a fileira se decompôs, de maneira que O'Neil perdeu completamente a noção de onde poderia estar seu amigo.

Ele nunca soube com certeza, mas o fato é que aquele esbarrão tinha sido o impacto não de uma bala, mas do corpo de Franco Pina. Atingido em pleno coração, o italiano agonizava. Tentou apanhar o pequeno terço que ganhara de um capelão, e, a despeito de seus esforços, sua mão permaneceu imóvel.

Enquanto Pina dava o suspiro derradeiro, Brian corria pelo milharal, pensando em sua própria segurança mais do que qualquer outra coisa. A cerca parecia estar a uma distância sideral. Dezenas de homens, por impulso, obedeciam ao comando e continuavam avançando sem parar.

O que os ianques não sabiam é que muitos rebeldes estavam emboscados em uma trincheira contínua, no milharal. Formidavelmente camuflados, os sulistas só foram percebidos quando era tarde demais. Eles abriram fogo e a vanguarda atacante desabou como se fosse um muro abatido em seus alicerces.

Os sobreviventes da União concluíram que não havia escapatória: eles precisavam avançar. Era isso ou morrer, porque recuar morro acima seria suicídio. Em um décimo de segundo, os ianques pulavam sobre seus antagonistas e uma violenta luta corpo a corpo começou. Para sorte dos irlandeses, aquele grupo de confederados era relativamente pequeno e não poderia deter a avalanche humana que se aproximava.

Brian conheceu ali o inferno. Quando deu conta de si, já estava engalfinhado com um confederado. O sulista era um adolescente loiro, de olhos bem azuis e tinha o ar decidido de quem luta pela própria vida. Essa imagem ficou gravada na mente de Brian porque o rapaz se afastou e lhe deu uma estocada de baioneta. O irlandês se desviou, mas não o suficiente. Penetrando em seu antebraço esquerdo, a lâmina provocou um grande estrago. Brian urrou de dor e tropeçando nos milhos, virou-se. Seria o fim, se um tiro certeiro não abatesse o jovem confederado. Brian viu o inimigo cair aos seus pés, crânio esfacelado. Entontecido, o irlandês agachou-se e tentando estancar o sangue que jorrava, abundante, colocou a mão sobre o ferimento. Fosse, porém, pela hemorragia ou pela forte impressão da dor, Brian sentiu o mundo girar ao seu redor. Sentou-se e a seguir caiu para o lado, desmaiado.

A luta ainda estava acesa e os sulistas sobreviventes recuaram, certos de que não conseguiriam manter a posição indefensável. As tropas do norte avançaram e tiveram de sustentar um combate árduo no milharal, naquele que foi talvez, um dos mais sangrentos dias da Guerra Civil.

Pelo fim da tarde, a batalha terminou. O resultado tinha sido inconclusivo, pois ambos os exércitos mantiveram a coerência. Preocupado com as pesadas baixas, Lee ordenou a retirada. O generalíssimo de Lincoln, MacClellan, em uma postura letárgica, não perseguiu, com as reservas que dispunha, aos sulistas enfraquecidos. Essa vacilação custou a carreira para MacClellan, porque Lincoln deixou de confiar em sua capacidade de comando. Apesar disso, em termos estratégicos, a vitória inegavelmente coube ao norte. Todavia, isso não significou o fim. O sul prosseguiu lutando desesperadamente para conservar seu modo de vida odioso, calcado no opróbrio e na escravidão cruel de todo um povo; de toda uma raça.

Mas como aquilo que não está em acordo com as leis do Pai, um dia é arrancado e jogado ao fogo, os confederados viram, ao final de quatro anos de guerra, esboroarem-se suas esperanças de independência. Um longo tempo demoraria ainda para que as diferenças étnicas fossem realmente abolidas, mas o primeiro passo no sentido de irmanar todos os homens, na América e no mundo, fora dado.

O'Neil não quis saber sequer o resultado da batalha, quanto mais da guerra em si. Removido por mãos amigas a um hospital de sangue, ele se sentia fraco e entontecido. Restos de carne, uniforme e pequenas esquírolas pendiam de seu braço em um espetáculo pavoroso. Alguém fizera um torniquete para estancar o sangue. O'Neil não ousava olhar para o ferimento. Naquela hora, Brian considerou o braço irremediavelmente perdido.

Para sua sorte, assim não pensava um jovem cirurgião. Contrariando as observações dos mais velhos, que propunham a amputação como a solução mais prática e eficaz, o médico restaurou como pôde o músculo externo do antebraço, rezando para que um inimigo invisível não colhesse a vida de seu paciente. Esse inimigo era a infecção, causa geral de um grande número de baixas, naquela época anterior ao antibiótico.

No dia seguinte, Brian amanheceu febril. A ferida inchara e estrias vermelhas se formavam em torno da sutura. O jovem cirurgião, embora atarefado com as centenas de feridos que chegavam, tomou para si o caso como um desafio particular. Ele queria provar aos colegas mais experientes que estava certo.

Se soubesse quem era O'Neil de fato, possivelmente o médico o teria abandonado à própria sorte. Mas como não conhecia a vida particular daquele soldado, empenhou-se ao máximo para evitar a extirpação. Ao cabo de alguns dias de tratamento, a infecção cedeu. Era nítido, porém, que a dilaceração iria deformar o braço de Brian, impedindo-o de voltar à vida militar. Ironicamente, isso era tudo que Brian queria.

Depois de quase um mês, o irlandês saiu do hospital, com o braço numa tipóia. O médico asseverou-lhe de que perderia alguns dos movimentos ordinários. Contudo, restava-lhe a esperança de que, com o tempo, recuperaria uma certa mobilidade, mesmo que parcial e precária.

Em estado de convalescença, Brian buscou notícias de seu amigo. Foi então que ficou sabendo de parte do que acontecera ao companheiro.

Entregue à própria sorte, abandonado pelos companheiros que avançavam, Franco Pina entendeu que a hora fatal tinha soado. No extremo da aflição, pensou em Deus e tentou apertar o terço contra o peito. A mão, todavia, permaneceu inerte, como se não lhe pertencesse. Foi nesse instante que ele entendeu que algo de muito grave ocorrera. Embora nenhuma dor o acometesse, Pina sentiu o coração palpitar estranhamente. Súbito, pensou estar caindo de costas em um poço seco e profundo. A luz ambiente foi ficando cada vez mais distante, no alto. A consciência se embaralhava em luzes caleidoscópicas, dificultando o raciocínio, ainda que ele se empenhasse ao máximo para não desfalecer. Aos poucos, essas luzes se aglutinaram. Formaram, a princípio, imagens estáticas como fotografias, e a seguir, dinâmicas como um filme acelerado. Pina reconheceu-se como o ator central desse drama, desde a infância até o amanhecer daquele dia. Atônito, ele permaneceu como um expectador passivo de sua própria existência. Analisou-a com imparcial curiosidade, assumindo todas as responsabilidades pelos desastres que cometera, em uma vida crivada de erros provocados pela revolta irracional.

Mas de todo os seus deslizes, o que mais o feriu foi o fato de ter lançado Laura na infâmia. O semblante da filha de Giácomo desenhou-se como em um quadro e ele, amargurado, contemplou os olhos daquela mulher que, em nome da fraqueza e do egoísmo, desgraçara para sempre.

Pina perdeu a noção do tempo ao vislumbrar o seu passado. E essa retrospectiva não durou mais do que poucos segundos terrenos. A face de Laura foi a sua última imagem consciente. A seguir, tudo se toldou, perdendo-se sob o manto escuro do nada.

Quando retomou a noção de si, o mundo estava mergulhado em sombras. Grilos cantavam melodias homófonas e aves distantes replicavam os gemidos dos agonizantes. Era a triste sinfonia de mais uma inútil batalha na história da humanidade.

Pina sentia-se congelar. Pensou em gritar ou erguer-se, mas não conseguiu. Começou a se desesperar. O que estava acontecendo? Ouvia, raciocinava e via as estrelas do céu, mas seu corpo estava estranho. Não se movia e parecia inchado. Imaginou, angustiado, a gravidade do ferimento. A inércia dos membros o enchia de pavor. Estaria aleijado para sempre? Teria sido tão grave assim o ferimento? Uma bala teria arrebentado sua coluna? Debatendo-se como um louco para tentar escapar daquela situação, Pina voltou a desmaiar.

Pouco depois do alvorecer o milanês acordou, ao escutar distantes tiros de canhão. Homens com uniforme da União passaram por perto. Ele tentou chamá-los, mas isso nem foi necessário, porque ao vê-lo, um deles exclamou:

— Mais um! Vamos levá-lo até a carroça!

— Para quê todo esse trabalho, sargento? Vamos enterrar o pobre aqui mesmo!

Pina começou a ficar desesperado. Enterrar? O que aquele sujeito estava falando? Será que os idiotas não percebiam que estava vivo? Ele gemeu, implorando para que o sargento, fosse quem fosse, não desse ouvidos ao soldado.

— Não reclames, Adan! Se tu fosses este infeliz, haverias de querer um enterro cristão! É o mínimo que ele merece!

O soldado retrucou com palavras pouco caridosas. Eles jogaram o cadáver sobre outros corpos na carroça. Ao terminar o trabalho, Adan passou o braço na testa, enxugando o suor, e disse:

— Pouco me importaria, sargento! Os mortos estão mortos e é só! Se eles são enterrados aqui ou acolá, qual a diferença?

O sargento ranzinza esbravejou, comentando que Adan era um pecador e que iria queimar no inferno por pronunciar palavras como aquelas.

Mentalmente, Pina agradeceu ao sargento por não ser enterrado vivo. Mas a razão dele oscilava bastante e aos poucos ele foi perdendo a consciência uma outra vez. Desmaiou. Ao acordar, sentiu como se um arrepio profundo invadisse todas as células de seu corpo. Era uma espécie desagradável de choque elétrico. Em um movimento instintivo de defesa, pulou para o lado, trôpego. Virou-se para trás e viu uma montanha de cadáveres. Horrorizado, deu graças a Deus por estar vivo. Foi quando notou, na pilha, um homem com uma máscara semelhante ao seu rosto. A boca aberta, os olhos esbugalhados e a cor roxa da tez compunham o retrato pavoroso de um monstro.

Pina tocou-se e voltou a atenção para o corpo, reconhecendo-se naquela massa de carne sem vida. Não era possível. Era ele? Estaria morto? Então não era o fim? Ele nunca acreditara verdadeiramente em Deus e menos ainda na Igreja. E agora, assustado, percebia que precisaria das respostas daquilo que sempre, em sua arrogância de intelectual, desprezara com a falsa presunção de superioridade...

Capítulo Terceiro

A Outra Vida de Laura

Glória nasceu em fins de novembro de 1861. A filha de Laura teve um início difícil, antes mesmo do parto. Ao saber da gravidez, Cunningham sugeriu um aborto, mas Laura recusou terminantemente. Como esses acidentes ocorriam amiúde, Kevin estava mais ou menos acostumado a eles. Permitiu, pois, que a gestação fosse levada até o fim. Em contrapartida, Laura teve de trabalhar durante os três primeiros meses no bordel. Isso foi terrível. Era um serviço assaz humilhante, só suportado à base de ópio.

Mathilda, conhecedora dos efeitos danosos da droga, tentava minimizar o consumo de Laura, justamente para não afetar a criança. A velha dama, que estimava a italiana, explicava o perigo daquela substância e tentava trocá-la pelo álcool, cujo uso, segundo sua idéia, era menos nocivo. A verdade é que Laura acabou se viciando em ambos. Todavia, o uso de ópio era raro e Laura só o mascava[23] quando sentia que não podia mais tolerar o suicídio moral que a realidade lhe impunha.

[23] O ópio era normalmente mascado ou aspirado em um cachimbo especial.

Kevin quis doar Glória a um orfanato, mas Laura não aceitou, propondo-se a arcar com as despesas da criação. Cunningham não era de todo mau. Ficou penalizado e concordou, muito embora soubesse que a italiana nunca pagaria o débito integral.

Assim, presa em servidão ignominiosa, Laura teve de voltar ao trabalho, terminado o período de resguardo. Na tentativa de evitar a ruína completa, a filha de Giácomo parou com o ópio, embora ainda bebesse, porque sóbria, sua mente não agüentaria semelhante desgraça. Ela sabia que precisava estar alerta se quisesse salvar Glória do perigoso destino que pairava sobre sua cabeça. No auge do desespero, calculou que não teria outra opção exceto a de mandar a menina de volta para a Itália; para a casa de seu irmão. Antônio era sua última esperança, pois, segundo pensava, Giácomo jamais aceitaria Glória.

O problema é que lhe sobrava pouquíssimo dinheiro. Uma parte do ganho ia para a casa, outra para uma ama de leite que cuidava de Glória e o resto era recolhido por Kevin, que guardava o que era de direito do agenciador, já descontadas as despesas de custeio. Como Brian não mandara mais notícias depois de seu alistamento, Kevin passou a ficar com a parte dele, desculpando-se com o argumento de que devolveria o dinheiro ao irlandês se ele sobrevivesse à guerra. No fim das contas, Laura embolsava migalhas e trocos, frutos de gorjetas sordidamente adquiridas. Na época de Antietam, a italiana já juntara uma poupança, mas a quantia era insuficiente para pagar o diabo e sair do inferno.

Nesse período de desespero, Laura jamais estivera só. Augustus empenhava-se ao máximo para livrar sua tutelada e agora a pequena Glória, das garras da miséria. Laurinda teve de abandonar o trabalho, pois sua presença era exigida alhures. Confiou em Augustus a missão de velar por sua família e partiu. Isso foi providencial porque Laurinda se desequilibrara ao ver a decadência da filha. A mulher de Gualfrani começara a cultivar em si idéias estranhas, de ódio e vingança. Por isso sua retirada foi considerada como imprescindível pelas potências do Alto. Augustus, no entanto, continuou em sua tarefa de salvar o que poderia ser salvo daquela encarnação.

Em outubro de 1862, Augustus encontrou um paliativo para aliviar a degradação de Laura. Não era ainda o ideal, mas era uma porta que se abria.

Entre os freqüentadores assíduos do prostíbulo existiam homens de certa classe. Muitos militares, muitos comerciantes, muitos profissionais liberais. Dentre esses últimos, havia um médico, chamado Irwin Parker, que costumeiramente usava os serviços de Laura. Parker era casado, tinha dois filhos e uma boa esposa, Eleonora. Apesar de amar a família, Parker odiava a postura puritana de sua mulher no que tange as artes do amor. Dessa forma, ele buscava satisfação física nos braços das meretrizes de Cunningham. Foi assim que ele conheceu Laura. No início gostou dela, depois se acostumou e por fim já não tinha mais prazer com as outras. O doutor sentia que não era amor ou paixão. Era antes um desejo descomunal, insano. E em poucas semanas ele entendeu que não poderia perder Laura para ninguém. Portanto, cresceu nele o desejo de tirá-la daquela vida.

Ao criar uma intimidade inevitável com Laura, Parker conheceu a estória da italiana. Consultou-a, indagando se era de sua vontade abandonar a profissão. Laura não titubeou, dizendo que era, pois aquele ritmo de vida a levaria ou à loucura ou à morte. A sua única condição era levar Glória consigo.

Parker concordou. Começou a trabalhar em seu projeto e em poucos dias ele já havia arquitetado um plano que lhe pareceu perfeito, do começo ao fim.

Primeiramente, forjou uma discussão com Florence, a doméstica de sua esposa, despedindo-a de forma grosseira. Para não ser totalmente cruel, Parker arranjou para ela uma colocação com amigos. Eleonora ficou arrasada, pois a empregada trabalhava há mais de uma década em sua casa. Parker não se deteve diante desse detalhe. Após breve campanha, conseguiu que a esposa concordasse com a contratação de uma nova serviçal. Essa serviçal era Laura.

Feliz com os resultados positivos de seu plano, o doutor alugou pequena cabana que não distava mais de um quilômetro de seu lar e após indenizar Kevin Cunningham com uma larga soma, quitou as dívidas de Laura com o cafetão. Agora livre, Laura foi morar com Glória na pequena e graciosa casinha.

Em muitos meses, era a primeira vez que Laura sentia-se feliz e em paz. Como recompensa, passou a trabalhar com afinco para o novo patrão e amante.

Parker aparentava ser bom e caridoso. Mas tão logo se sentiu dono de Laura, tornou-se obsessivo e ciumento. Mal conseguia controlar seus ardores quando a jovem falava sobre outros homens.

Eleonora não viu com bons olhos a nova empregada. Desconfiada, buscou recomendações com os amigos de Irwin, que ele garantira conhecerem Laura. Estes, instruídos pelo médico, contaram a mesma estória, que a esta altura já tinha em parte, se tornado verdadeira. Eleonora ficou a par da viuvez da jovem, cujo marido morrera na guerra. Sem arrimo, ela fora acolhida por homens honestos, que tinham lhe dado emprego, até que Parker a contratara.

Assim, ignorando a realidade, Eleonora não pode encontrar qualquer argumento contra a jovem que, ela adivinhava, tornara-se a sua silenciosa concorrente.

A vida dupla de Laura era significativamente melhor que a prisão no bordel. Parker a tratava como uma princesa, exceto em casa. Ali ele tentava manter uma certa discrição, nem sempre possível. O médico aceitara até mesmo que Glória fosse com a mãe para o trabalho. Irwin não sabia porque era tão fascinado por Laura. O desejo que a italiana inspirava nele era incontrolável, mas ao lado de sua volúpia sexual existia também um carinho que não lhe era muito habitual.

Por outro lado, Laura sentia-se péssima com aquela situação dúbia e tinha pena do que fazia contra Eleonora. Desejava revelar a verdade e sair dali, mas sabia que ainda não tinha como fazê-lo. Também temia ter de voltar para a vida infernal do prostíbulo, se Brian sobrevivesse à guerra. Em certos momentos de intimidade, com o médico, ela indagava:

— Irwin, o que acontecerá quando a guerra terminar?

— Nada! Lincoln vai ganhar e os negros serão libertados! Só isso!

— Não, não... Eu me refiro ao Brian e ao meu marido!

Virando-se na cama, Parker desconversava:

— Ora, se eles voltarem, queres dizer...

— Sim, se nós tivermos de enfrentar esse problema...

— Não te preocupes, Laura! Se for preciso, farei um acordo com eles! Se não for possível, não te esqueças que eu tenho amigos poderosos, inclusive o governador! Será fácil eliminá-los ou jogá-los na cadeia! Por que tu achas que o Cunningham aceitou negociar? Porque ele sabe que se opor a mim é loucura! Neste mundo, minha cara, as amizades são tudo!

— Eu tenho medo não por mim, mas por Glória...

Desta feita Irwin voltou-se para Laura e fitando-a com firmeza, disse, enfático:

— Ei! Eu estou te dando a minha palavra! Nenhum mal acontecerá a vós! Eu garanto! Essa gente faz tudo por dinheiro! Se pudessem fixar um preço, venderiam até a mãe!

E vendo que a preocupação não desaparecera do rosto da jovem, beijou-lhe a testa:

— Fica tranqüila, meu amor! Tu não voltarás para aquele lugar! Eu juro por Deus!

E Laura esboçava um sorriso de gratidão. Apesar de sua situação irregular, a italiana agradecia aos santos por ter sido salva por Parker. Na realidade, o mais justo seria agradecer ao amigo invisível que instigara Irwin, ou seja, a Augustus.

O mentor de Laura, reconhecendo que aquela situação não podia perdurar por muito tempo, procurava manobrar no sentido de achar uma saída melhor. Ele sabia que a filha de Giácomo economizava cada dólar extra que ganhava com pequenos serviços e que se dispunha a regressar à Europa, mesmo sem o consentimento de Parker.

Todavia, logo Augustus teve de se preocupar com outra coisa, pois o Espírito alucinado de Frank Pine se postara aos pés da italiana para implorar perdão. Pina estava enlouquecido. Ele cristalizara em sua mente as imagens nefastas dos erros praticados. Doente, não atendia Augustus e nem aos outros mensageiros que se dispunham a afastá-lo dali. Pina agora queria proteger Laura, numa tentativa distorcida de reabilitação. Às vezes, algum benfeitor o levava para longe. Mas ele, atraído por pensamentos confusos, sempre acabava voltando.

Essa presença sinistra abalava Laura, que começou a se sentir incomodada em sua própria casa e em todo lugar que ia, inclusive no trabalho. Ela pensava que aquela sensação desagradável decorria da abstinência do ópio. Mas em seu peito surgiu, inexplicável, a certeza de que algo ruim acontecera ao homem que amara em tempos idos.

Essa suposição foi confirmada quando uma carta de Brian chegou ao bordel e de lá foi encaminhada para a casa de Parker, único endereço conhecido de Laura.

Foi Eleonora quem recebeu a correspondência enviada por Mathilda. Além da morte de Franco Pina, a velha dama comunicava outra: a de Kevin Cunningham. O rufião fora esfaqueado em uma briga no bar do bordel e falecera três dias depois.

Astuta, Eleonora leu aquelas linhas e ficou sumamente desconfiada. Embora Mathilda não tivesse dado detalhes comprometedores, a mulher de Parker começou a averiguar. A primeira vítima de suas perquirições foi justamente Laura. Irwin estava no consultório quando a italiana foi chamada para uma conversa em particular:

— Não disseste que teu marido estava morto? — começou Eleonora, severa. Laura empalideceu. Teria Pina dado algum sinal de vida? Ela contemplou a carta que a patroa tinha em mãos. Mesmo assim, tentou ser segura.

— E está, senhora!

— Quando ele morreu?

— Faz algum tempo; pouco mais de um ano!

— Um ano? Pois acabo de receber uma carta dizendo que teu marido morreu em Antietam! Isso foi há poucos meses!

Laura exprimiu um espanto real. Então seu marido morrera mesmo? Ela avançou, pegando a carta. Leu o conteúdo, para ter tempo de pensar. Não queria se trair, nem complicar Irwin.

— Há algum engano! Eu não sei o que pode ter acontecido! Recebi uma informação de que Frank tinha morrido no Potomac.[24]

— Um engano? Pode ser! Mas tenho outra carta aqui! Quem é Kevin Cunningham?

Desta feita Laura empalideceu. Ela sabia que se dissesse qualquer bobagem, toda a farsa seria descoberta. Era um risco que ela preferia não correr. Assim, mentiu:

— Um amigo da família! Por quê, senhora? O que ele tem a ver com isso?

— Esse seu amigo também faleceu! Segundo a remetente, uma tal de Mathilda, morreu no bar, esfaqueado! A propósito,

[24] Rio dos EUA; banha Washington D.C.

Mathilda te deseja toda a sorte do mundo, afirmando que abandonar aquele serviço sempre fora teu objetivo. Acho que ela não acreditava muito no teu talento, porque diz aqui que tu não és talhada para semelhante trabalho! A qual trabalho ela se refere?

Laura pegou o segundo envelope, passando os olhos rapidamente pela folha. Abaixou a cabeça, fingindo-se envergonhada. Ela era esperta demais para por tudo a perder. Na verdade, ganhava tempo para encontrar a resposta adequada.

— Meu serviço era nesse bar, antes...

— O que fazias lá, exatamente?

— Tudo! Especialmente limpeza!

— Tudo o quê? Eu gostaria que fosses mais específica!

No íntimo, Laura começava a perder a paciência com a arrogância de sua patroa. Lembrou-se sem querer de Romana, do quanto ela própria maltratara a pobre professora. Isso lhe deu a necessária força para reagir sem rudeza.

— Lavava copos, servia mesas, enxugava pratos... Essas coisas!

— E o quê mais?

— Não há mais! — respondeu Laura, definitivamente irritada. — Se a senhora quer me acusar de algo, após abrir uma correspondência a mim endereçada, faça-o logo!

Eleonora, que estava sentada, ergueu-se, hostil:

— Pois bem, já que insistes, eu o farei! Vou perguntar uma só vez: quem tu és, de verdade? Que tipo de mulher meu marido colocou dentro de casa? Tu tens com ele algum relacionamento ilícito, imoral?

Desta feita Laura sentiu-se acuada, mas ainda não perdida. Recuperou a altivez e rebateu:

— Sou uma mulher tão digna quanto a senhora! Só que a vida me colocou em uma posição humilde, para que eu me lembrasse constantemente dos meus erros! Mas nessa posição, senhora, não posso me dar ao luxo de sempre ter a verdade como companheira!

E Laura saiu, abandonando o quarto. Ela deixara as cartas no chão. Eleonora apanhou as folhas e batendo-as na palma da mão, monologou, ameaçadora:

— Vamos ver se a vida já te humilhou o suficiente ou se ainda tens mais a pagar! Vamos ver!

Capítulo Quarto

A Volta do Mal

Um homem maltrapilho, com o braço esquerdo apoiado em uma tipóia, se aproximou do cabaré.

Seus olhos se fixaram no telhado da construção, como se procurassem por algo no andar superior. A expressão lúgubre de Brian O'Neil traduzia o desespero e o ódio de uma vida sem sentido. Apesar disso, ele avançou e passando pelos umbrais, fez um reconhecimento do lugar. Pouca coisa mudara. Era cedo ainda e os trabalhadores da casa se preparavam para suportar mais um dia de degradação moral.

O'Neil não sabia da morte de Cunningham e procurou por ele. Tinha créditos de vários meses a receber. Do balconista colheu a seca informação de que o patrão morrera e que quem tocava o negócio agora era a herdeira natural, ou seja, Mathilda.

— Pois a chame, Malaquias! — exigiu O'Neil, sem se comover. A velha dama apresentou-se em minutos, ciente de que aquela aparição jamais traria algo de positivo para a humanidade.

Mathilda, porém, surpreendeu-se ao ver O'Neil. Ele estava bastante debilitado. O braço mirrado indicava a decadência física do irlandês.

— Vejo que te pagaram decentemente pela primeira vez!

Brian riu com sarcasmo e comentou:

— Treze dólares por um braço aleijado! Não é realmente um bom negócio!

Mathilda balançou a cabeça, concordando. Uma pausa natural se fez e ela, curiosa, indagou:

— E o teu amigo, o italiano? Ele morreu mesmo?

Mathilda mal conhecia Franco, mas precisava da confirmação.
— Morreu em Antietam! Eu mandei uma carta! Tu não recebeste?

— Não, foi o Kevin quem me disse! — mentiu Mathilda.

— Bem, não tem importância! Frank tombou gloriosamente pela Pátria!

O cinismo do irlandês não afetou a cafetina, que rebateu na mesma moeda:

— O inferno deve estar cheio de patriotas!

— E alguns mais a caminho! — replicou Brian. A seguir, tirou o braço da tipóia e erguendo a manga, mostrou uma extensa cicatriz em forma de meia-lua.

— Tornei-me um maldito maneta, Mathilda! Não posso mais fazer trabalhos pesados! A única coisa que me consola é que agora tenho uma outra mão!

E Brian sacou um revólver de tambor, uma relativa novidade para a época.

— Eu peguei de um oficial! Ele não ia mais usar!

Brian riu, mas Mathilda entendeu o ato como o que realmente era, ou seja, como uma ameaça implícita. Ficando séria, ela indagou:

— O que queres, Brian?

Ele colocou a arma na cintura. Sorriu com exagero.

— Minha parte sobre os rendimentos de Laura! Kevin havia me prometido trinta dólares por mês! Eu fazia pouco caso desse dinheiro, mas agora não posso trabalhar!

— É, eu soube do acordo! Espera um pouco!

E Mathilda saiu. Confiante, Brian pediu uma dose de uísque para o jovem garçom. O irlandês ainda não tinha terminado de beber, quando Mathilda retornou com um bolo de notas amarrado em um barbante. A quantia tinha sido previamente separada.

— Toma! — disse a prostituta. — É a tua parte!

Com alguma dificuldade, O'Neil desamarrou o pacote e contou. Pareceu insatisfeito. Escondeu o dinheiro no bolso. A seguir, meneou a cabeça e disse:

— Pelos meus cálculos, não está tudo aqui!

— É tudo o que receberás, Brian! Laura já não trabalha conosco há algum tempo!

— Como assim? Ela morreu?

Mathilda teve vontade de mentir e dizer que sim. Mas temia que ele descobrisse a verdade e executasse uma vingança. Assim, contou apenas o necessário:

— Não, foi embora! Ela estava grávida quando foste para a guerra! Deu à luz a uma menina. Depois, um cavalheiro se apaixonou por ela e a resgatou!

Os olhos de Brian fulgiram de ódio e surpresa. Nem deu muita importância para o detalhe da gravidez.

— Ela era minha! Como o Cunningham autorizou isso?

— O que Cunningham podia fazer? Ele não era cão de guarda! O homem quitou as dívidas dela com a casa e levou-a embora, enquanto tu brincavas de soldado! E não é certo que ela te pertencia! Lincoln já proclamou a emancipação dos negros! Quanto mais a dos brancos!

— Onde ela está? Quem é esse homem? — gritou Brian, engatilhando a arma. Manteve-a, no entanto, apontada para o chão. Em um primeiro momento, não tomou nenhuma medida incisiva. Contudo, vendo que a prostituta hesitava, ele mirou no peito dela, afastando-se do balcão para que Malaquias não tentasse reagir.

— Quem é esse homem? O nome! Eu quero o nome dele!

Malaquias andou para o lado. Perto do caixa havia uma pistola. Brian notou a atitude do rapaz e advertiu:

— Tenta!

O balconista parou. Percebendo que a coisa estava ficando fora de controle e amando muito a si mesma, Mathilda revelou o indispensável:

— O nome dele é Irwin Parker! É médico!

— Onde ele mora?

— Eu não sei! No centro da cidade, talvez! — mentiu a cafetina novamente.

O'Neil abaixou a arma. Sorriu displicente, como se nada tivesse acontecido.

— Desculpai-me o jeito! Eu precisava saber! O revólver nem estava carregado!

Brian minimizava a truculência com palavras ocas, como o fazem todos os bárbaros. Na verdade, a arma estava pronta para matar e ele se precavia de um ataque de Malaquias. Todavia, não queria entrar em atrito definitivo com Mathilda. Ao sentir que o garçom dificilmente reagiria, retorquiu:

— Além do mais, sempre fomos amigos, não é, Mathilda? Brevemente as coisas voltarão a ser como eram. Tenho certeza!

E andando de costas até a porta, Brian saiu atrás daquela mulher que ele acreditava lhe pertencer de corpo e alma.

Brian perdeu o dia inteiro procurando se informar a respeito do doutor. Na sua condição de estropiado de guerra, não lhe negaram o endereço, de maneira que pouco antes do anoitecer, ele batia à porta de uma casa encantadora.

Foi Eleonora quem atendeu. O irlandês tirou o boné do exército da União, fingindo humildade.

A senhora Parker olhou-o com estranheza. Pensou a princípio tratar-se de outro daqueles mutilados que vinham em busca de tratamento com o seu marido. O forasteiro, entretanto, parecia conhecer sua família, porque perguntou, desembaraçado:

— O doutor Parker está?

— Não! Ele saiu para atender um doente!

— Tão tarde? Deve ser urgente!

— É, deve ser... — retrucou a esposa de Irwin, sem demonstrar entusiasmo.

— Mas... Permita que me apresente, senhora! Meu nome é Brian O'Neil.

Eleonora apertou levemente a mão que estava estendida em sua direção. Com um certo desagrado, aguardou mais esclarecimentos.

— Perguntei na cidade por ele! Indicaram a clínica e como não o encontrei lá, vizinhos generosos deram-me este endereço!

— Se o senhor precisa de aconselhamento médico para seu ferimento, pode esperá-lo aqui no jardim! Ele não deve demorar...

Brian deu um riso de falsa submissão e esclareceu:

— Oh! Não, senhora! Creio que me expressei mal! Esta atrofia é incurável! Lâmina confederada! Aço do bom! A verdade é que estou à procura de uma amiga minha! O nome dela é Laura! Disseram-me que ela mora aqui!

Ao ouvir o nome da empregada, Eleonora empertigou-se. Agora o assunto a interessava.

— Não, só trabalha! Como o senhor a conhece?

O irlandês fez uma expressão triste, condoída, e explicou:

— Sou amigo do marido dela, o finado Frank! Morreu ao meu lado, em Antietam!

— Ah! — exclamou Eleonora.

— Gostaria de entregar algumas mensagens e coisas pessoais do Frank!

Eleonora observou o jovem e confiando na sua ingenuidade puritana, que a humildade de Brian era sincera, explicou como ele encontraria a casa de Laura. No fundo, a esposa de Irwin esperava que o forasteiro fosse capaz de sumir com a empregada, seduzindo-a com falsas promessas ou expectativas. Essa era uma possibilidade bem remota, mas mesmo assim lhe deu algum alento.

Brian O'Neil agradeceu e ia se retirando quando Eleonora ousou fazer uma última pergunta:

— O senhor sabe em que lugar Laura trabalhava antes? Estou querendo obter referências dela!

Brian parou. Respirou fundo. Ele não planejara aquilo, mas a sorte abria as portas para um novo golpe em seu adversário.

Virando-se, ele contemplou Eleonora. O soldado tinha o olhar viperino em chamas.

— A senhora não sabe?

— Não! Só sei que ela trabalhou em uma taverna para um homem chamado Kevin Cunningham!

Brian riu. A seguir, aduziu, com feliz perversidade:

— Esse homem era dono de um prostíbulo, não de um bar!

Eleonora levou a destra ao peito. Quis responder algo e, contudo, o silêncio tomou conta de seu ser. Brian ergueu o boné e completou:

— Boa noite, senhora!

A mulher de Parker entrou, abaladíssima, fechando a porta atrás de si.

Menos de vinte minutos depois, Brian parava diante da casa descrita por Eleonora. Qual um ladrão barato ele se arrastou até a janela, contemplando o cenário interno.

Viu uma criança no berço e um cavalheiro distinto sentado em uma cadeira. Ele mantinha uma xícara de café na mão e palestrava tranqüilamente com uma mulher bela e de pequena estatura. Era Laura. Brian deduziu que o homem só poderia ser Parker.

Deslocando-se sorrateiramente entre as sombras da noite que já se fazia anunciar, Brian foi até a porta. Bateu com força.

Lá dentro, Irwin suspendeu os olhos e dirigindo-se para Laura, indagou:

— Esperas alguém?

Laura negou, estranhando sinceramente o acontecimento. Parker percebeu que ela dizia a verdade. Foi até a janela e pôde vislumbrar, de relance, um soldado à porta. Pelos trajes já rotos, chegou rápido a uma conclusão:

— É um mendigo! Vou me livrar dele!

Laura ficou momentaneamente mais tranqüila. Contudo, quando Irwin abriu a porta, foi golpeado por um soco certeiro. O médico recuou três passos e caiu. Brian entrou. Em um segundo, seu revólver estava mirando uma aterrorizada Laura.

— Olá, minha jóia! Quanto tempo, hein?

Nesse instante, Irwin, nariz sangrando, já se recompusera.

— Quem tu és? O que queres?

— Quem eu sou, doutor Parker? Sou o dono desta jóia que furtaste!

Parker balançou a cabeça e disse:

— Tu estás louco? Paguei todas as dívidas de Laura!

— Não as que ela tinha comigo!

— Se a questão é dinheiro, acho que podemos chegar a um acordo!

— Creio que não, doutor! A questão aqui não é só dinheiro!

— O que é então?

— Não entendes? Um cavalo campeão não tem preço! Laura é minha! Não tem preço! Não vou perdê-la para ninguém, ainda mais agora que o paspalho do marido dela está prestando contas a satanás!

— Pelo amor de Deus, Brian... — interveio Laura. O irlandês revidou, rude:

— Quieta!

Parker aproveitou-se do diálogo ríspido para tentar se erguer.

— Não te levantes, doutor! Senão te meto uma bala na cabeça! Não me custa nada!

O médico não se mexeu, mas tentou argumentar:

— Por que tu a queres? Para prostituí-la, como a uma mulher qualquer? Ela não é assim! E tu sabes disso! Eu ao menos dou a ela uma vida digna!

— Vida digna? O que é isso, doutor? O senhor a prostitui tanto quanto eu! Só que tem um contrato de exclusividade! Devo admitir, porém, que empregá-la foi uma jogada de mestre! Uma idéia brilhante! Pena que Laura vai perder essa colocação, agora que a senhora Parker já sabe de tudo!

Os olhos azuis de Laura se contraíram. Ela quis avançar, mas Brian apontou a arma para a criança, sem ter a menor noção de que ameaçava a própria filha.

— Não, não! Não faças nenhuma bobagem, querida! O que eu tenho a perder? Pega as tuas coisas, a criança e vamos embora! Tu tens cinco minutos! Mathilda te arranjará um lugar ao sol novamente!

Parker, ao ouvir semelhante afronta, explodiu. Em um grito, esbravejou:

— Tu não és aleijado apenas do corpo, seu calhorda! Tu és aleijado da alma também!

Desta feita, Brian abandonou a postura sardônica. Fechou a expressão e sem nada falar, mirou na perna do médico e atirou. O marido de Eleonora, que estava apoiado sobre um joelho, caiu, atordoado. Glória acordou assustada com o barulho e começou a chorar.

— Agora estamos empatados! — sentenciou o irlandês, sorrindo. Enquanto Parker rolava de dor, Brian advertiu:

— A propósito, minha cota de bondade acabou! Não quero te ver nunca mais lá no bordel, doutor!

E mirando na testa do médico, que gemia, indagou:

— Entendeste bem?

Parker balançou a cabeça, semblante contraído, enlouquecido de raiva. Laura se ajoelhou ao lado do amante, apoiando-o carinhosamente.

— Tu não precisavas fazer isso, Brian!

— Eu detesto homens que não sabem perder! Vamos embora! Pega a criança! Seja rápida, antes que eu mude de idéia e acabe com esse adúltero agora mesmo! Não está na Bíblia que os adúlteros devem ser apedrejados? Só aprimoramos o método! Trocamos pedras por chumbo!

E Brian gargalhava, feliz em impor seu reino de ódio e terror. Laura sentiu que O'Neil era capaz de matar Parker sem pestanejar. Para evitar isso, enlaçou Glória de imediato. Abraçou seu protetor e disse:

— Preciso ir! Deus te proteja, Irwin! Obrigada pelo que fizeste por nós!

E recolhendo uma trouxa leve, Laura arrastou Glória para fora e saiu, sendo seguida de perto pelo verdugo de sua alma. Um novo período de infâmia iria começar para a infeliz filha de Giácomo Gualfrani.

Capítulo Quinto

Sombras Que se Agitam

A interpenetração de esferas dimensionais é uma circunstância que a ciência humana ainda está por analisar e descobrir, em todos os seus nuances e realidades. Por mais isolado que pareça estar, o homem nunca está verdadeiramente só e por isso, quer queira, quer não, é obrigado a conviver com as influências benéficas ou nefastas que gravitam ao seu redor.

O fato é que enquanto todo esse espetáculo de horror se desenvolvia ao lado de Laura, um de nossos personagens desencarnados se agitava aflitivamente para desviar o mal que rondava a sua antiga esposa e que ele próprio provocara.

Atormentado pelo remorso a ponto de loucura, sendo afastado da italiana por várias vezes e por várias vezes retornando, Franco Pina percebia de forma confusa que seu verdadeiro algoz tinha sido, na verdade, Brian O'Neil, o falso amigo de tantos anos.

Em uma súbita reviravolta mental, Franco despertou para a verdade e sentiu que deveria proteger Laura. Começou a agir à revelia de Augustus, permanecendo na casa de Laura e influenciando Parker para que ele fizesse o possível pela italiana.

Todavia, ele não pôde impedir a atitude cruel de Brian. Ao ver Irwin ferido e Laura novamente reduzida à servidão, compreendeu que a paz só reinaria se o irlandês morresse.

Mas os acontecimentos, que se desenvolveram com ou sem a intromissão de Pina, ofereceram ao destino as armadilhas invisíveis que arrastariam Brian para a perdição.

Ferido pela arma do irlandês, o doutor Parker improvisou um torniquete e com extrema dificuldade se ergueu. Confabulando consigo mesmo, o médico avaliou que a perna tinha sido destroçada e que só com muita sorte conseguiria salvá-la da amputação imediata. Estancando parcialmente o sangue, Irwin seguiu para sua casa, manquitolando. Foi auxiliado na rua por populares e conhecidos. O médico só rezava para não perder a consciência e a vida.

Eleonora, que pensava em escândalo e divórcio, ficou perplexa quando viu o marido adentrar pela sala, carregado. Um dos garotos, seu filho, foi chamar um outro amigo de seu pai, colega de profissão. Vizinhos prestativos levaram o menino e uma hora depois, o doutor Michael Wallace chegava para atender o amigo.

Nesse meio tempo, Parker contara para a esposa a versão de um assalto, praticado por um desertor do exército da União. Eleonora podia ser puritana, mas não era tola; sem ser ludibriada, relacionou intimamente a aparição de Brian O'Neil àquele incidente.

Enquanto limpava o ferimento, Wallace ouviu a mesma e insistente narrativa. A expressão judiciosa do colega deu a Parker a certeza de que nada poderia salvar sua perna. Wallace usava as téc nicas psicológicas da época para não assustar o paciente.

— Um assalto, hein? — tornava Michael, enquanto rasgava a calça até a altura da coxa com uma tesoura. Ao fazer um primeiro exame diagnóstico, comentou:

— Temos de tomar cuidado, Irwin! As estradas estão cheias desses bandoleiros! Desertores... Há milhares deles por aí! Outro dia atendi um! Estava ferido e disse que tinha vindo de Maryland a pé para não ser preso pelos rebeldes! Ele me contou peripécias incríveis, verdadeiras patacoadas...

Parker não estava interessado na estória. Ele conhecia as técnicas de distração tão bem quanto o amigo. Eram táticas para desviar a atenção dos pacientes para coisas outras além da própria dor. Por isso o marido de Eleonora replicou, entre gemidos, algo irritado:

— Pára com isso, Michael! Tu sabes que eu não sou mais criança! Como está a coisa?

Wallace ajeitou os óculos e fitando o amigo com piedade, disse:

— Feia!

— Vou perder a perna?

Wallace olhou para Eleonora e voltando-se para o amigo esclareceu, sincero:

— Tu vais ganhar a vida, Irwin! Pelo que estou vendo, a bala possivelmente despedaçou o fêmur! Ela não atravessou e se a ferida infeccionar, tu morres! Prefiro não correr esse risco! Tu entendes?

Irwin fechou os olhos e os punhos. Sabia que, naquela época, esse era um procedimento normal em ferimentos profundos, sobretudo se os ossos tivessem sido atingidos. Uma lágrima, não de dor, mas de raiva, rolou da face de Parker. Eleonora passou um pano sobre a testa do marido. O silêncio se prolongava. Wallace repetiu:

— Tu entendes?

— Faça o que tem de ser feito! — foi a resposta corajosa do amante de Laura.

— Teremos de fazer o procedimento aqui mesmo! A hemorragia poderia matá-lo se fossemos transferi-lo para um local mais adequado! Vamos para a cozinha!

Já deitado sobre a mesa, Irwin Parker ouviu Wallace dizer:

— Vou usar clorofórmio... Não sentirás nada!

O ferido balançou a cabeça. O medico pediu que Eleonora saísse e trouxesse um balde, água quente e uns panos limpos.

Eleonora estranhou o pedido, não atinando qual a função do balde. De qualquer forma, cumpriu as ordens. Retirando uma serra de sua bolsa, Wallace virou-se para Eleonora e disse:

— Não precisa permanecer aqui, senhora Parker! Pode cuidar das crianças, se achar melhor!

— Eu ficarei! Meu marido precisa de mim!

Eleonora foi até a porta da cozinha e a fechou, para evitar que os filhos e os vizinhos curiosos presenciassem uma cena desagradável. A seguir, segurou a mão do esposo e fazendo luz para Wallace, esperou. Irwin lançou à mulher um olhar de agradecimento.

Michael Wallace debruçou-se sobre o colega e indagou:

— Estás pronto?

— Sim! — disse Parker, que nesse momento não se preocupava com nada, exceto em manter-se vivo.

Wallace olhou o amigo, penalizado. Apanhou um vidro escuro e molhou um pano, levando-o ao nariz de Parker. Este aspirou com mais força que pôde e sentiu como se um eclipse penetrasse em sua alma. Então, tudo se tornou obscuro, negro; um profundo vazio.

A cirurgia durou menos de cinco minutos. Parker ficara aleijado para sempre. Mas o detalhe importante é que não estava morto. Podia, portanto, se restabelecer e executar sua vingança contra Brian O'Neil.

Invisível aos olhos mortais, no canto da cozinha, a figura apagada de Franco Pina vibrava de alegria, ao perceber as novas intenções de Parker. Para azar de Brian, nenhum dos dois tinha a menor intenção de desistir. Agora os ventos tormentosos do destino mudavam de direção. Junto com a sorte, o irlandês perdia, também, a possibilidade de desfrutar os tesouros angariados. O tempo bonançoso que ele julgava ser eterno no mar de sua existência terminara; e terminara tanto de direito quanto de fato.

Capítulo Sexto

Contra-veneno

A aflição de Parker não amainou com a cirurgia. Apesar de ter se postado como uma enfermeira prestimosa, Eleonora deixava transparecer claramente que desconfiava de algo. Quando Irwin se restabeleceu o suficiente, foi inquirido com severidade. A princípio, seguindo o manual da hipocrisia, Parker negou qualquer envolvimento com Laura. Depois, sua firmeza esmoreceu. Gradualmente cresceu nele o sentimento de culpa. Por fim, não agüentando mais a frieza de Eleonora, ele confessou, disposto a assumir as conseqüências de seus atos.

Engolindo o orgulho e sabendo qual era a posição de uma mulher conceituada na sociedade vitoriana do século XIX, Eleonora não repudiou o marido. Apoiando-se nos próprios preceitos calvinistas, ela o perdoou, com a condição de que aquela ligação jamais fosse retomada. Caso contrário, ela não hesitaria em largar tudo e ir embora com os filhos.

Parker compreendia que Eleonora era incapaz de blefar. Aquela era uma ameaça bem real e certamente seria concretizada se ele tivesse uma recaída. Por mais que lhe custasse prometer algo que ia contra sua alma, o médico renunciou aos amores de Laura. Pesando bem os fatos, Irwin não fazia isso pela esposa, cujos abraços frios nunca poderiam substituir os carinhos ardentes da italiana. Ele o fazia pelos filhos, porque não achava justo que eles pagassem por um pecado que era seu.

O coração de Parker, todavia, estava intranqüilo. Ao se lembrar do ataque de Brian, ele estremecia de ódio. Apoiado, no plano invisível, pelas sugestões inesgotáveis de Franco Pina, Parker mobilizou seus contatos durante o período de convalescença. Não queria ligar seu nome a um assassinato, nem estava disposto a ser julgado por tal. Por isso, precisava elaborar um plano que descartasse eventuais suspeitas.

Depois de vários meses, Parker voltou a caminhar com plena desenvoltura, ainda que auxiliado por uma prótese arcaica e por uma bengala. Quando finalmente retomou a mobilidade, concluiu que era chegada a hora do troco.

Por esta época, a balança da guerra pendia irremediavelmente para o lado do norte. Sherman executava uma manobra de flanco e dividia em dois o território sulista. Por onde passava, o general da União deixava uma vasta trilha de destruição. O estado da Geórgia, no sul, foi devastado. Sherman adotava o princípio de que uma população civil amedrontada quebraria o ânimo dos rebeldes. Era o velho conceito de que um povo submetido, o é melhor pelo terror. A perspectiva de que a luta estivesse no fim enchia de alegria o coração dos ianques. Para eles, a política de terra arrasada era um mal menor.

No cabaré ruidoso, a rotina continuava inalterável. Laura era vigiada de perto por Brian e a pequena Glória, sua filha, tornara-se uma virtual refém nas mãos do irlandês. Esmagada por tamanha pressão, a italiana buscou refúgio mental nas drogas. O ópio e o álcool voltaram a fazer parte da vida de Laura, apesar das constantes intervenções de Mathilda, no sentido de diminuir um consumo que poderia ser letal.

Mathilda fora coagida a aceitar a volta de Laura, pois além da ameaça implícita de O'Neil, havia a crescente necessidade de garotas para o trabalho. Aliás, Brian arranjara uma nova trabalhadora para a casa: uma jovem proletária de rara beleza, chamada Amanda.

Brian tinha cuidado em manter seus interesses acesos, pois naquela época de promiscuidade geral e disseminação de doenças venéreas, a vida útil de uma prostituta era, em geral, bastante pequena.

Laura sentiu isso na pele. No começo de 1864, enfraquecida moral e fisicamente, ela começou a apresentar sintomas inequívocos da tuberculose pulmonar. A princípio, ela ficou contente por imaginar que seus miseráveis dias estavam para acabar.

Todavia, a pequena Glória, seu único arrimo de tênue alegria, a enchia de preocupação. Brian jamais soubera que a criança era sua filha, apesar da semelhança patente que se acentuava a cada dia. Ele chegara a cogitar essa possibilidade; mas concluíra, após alguns cálculos e muitas desconfianças, que aquela criança poderia ser filha de qualquer um. A pedido de Laura, Mathilda guardara tal segredo. Ele só seria revelado se a menina corresse algum risco futuro, físico ou moral.

Acuada pelo medo de que Glória tivesse de percorrer um caminho igual ao seu, Laura reagiu, passando a se alimentar com regularidade e tomando os remédios prescritos por um médico que geralmente atendia as meninas.

Esse médico não era Parker. Laura não o vira novamente. Soubera por terceiros, que ele sobrevivera, embora tivesse perdido a perna.

Nesses dias de atribulação, Laura tentava buscar um conforto religioso, mas se sentia desorientada e totalmente órfã da misericórdia divina. Todavia, agradecia mentalmente pela salvação de Parker e por tudo o que ele fizera.

Laura poderia estar confusa; mas de forma alguma estava só. Augustus, sempre que possível, visitava sua pupila, infundindo-lhe pensamentos esperançosos. O amigo espiritual lastimava que a encarnação tivesse se extraviado em relação à proposta original, mas mesmo assim, seguia ajudando sua pupila.

Com lágrimas nos olhos, Augustus via que Laura nunca acatava suas sugestões para escrever para o pai ou para os irmãos, pedindo o devido socorro. O orgulho dela era demasiado para que pudesse expor seus erros assim, de forma tão aberta. Mais de uma vez ela rasgara uma carta que planejara enviar.

E de todas as angústias que pesavam em sua alma, a pior, com certeza, era ter de aturar Brian O'Neil. Amiúde ele a procurava para satisfazer seus instintos bestiais, em geral quando estava bêbado. Como as ameaças agora recaíam sobre Glória, Laura sentia-se chantageada e cedia, sem resistir. Mas o asco por Brian atingiu um tal paroxismo, que ela, certa noite, decidiu que a vida de O'Neil haveria de ser mais curta que a sua própria.

Quando Laura tomou essa decisão, Franco Pina sorriu. Ele conquistara mais um aliado e sabia que agora o Céu e a Terra se irmanavam para lançar o irlandês nas trevas profundas do inferno.

Capítulo Sétimo

O Mal a Si Destrói

Indiferente ao que semeara, Brian O'Neil continuava com a vida mesquinha e voltada apenas para a satisfação pessoal. Os rendimentos proporcionados pela exploração sexual permitiam-lhe passar dias e noites embebedando-se e roubando no pôquer.

Como qualquer homem devotado ao mal, Brian pensava que reinava sobre o destino. Portanto, pouco se preocupava com intrigas, acreditando que sempre venceria. Nunca a justiça ou o ódio alheio seriam capazes de pegá-lo, pois, evidentemente, ele se julgava mais esperto do que a imensa maioria.

Assim, naquela noite decisiva, tudo seguia conforme o seu planejamento ordinário. Ele saiu do antigo bar de Kevin Cunningham amortecido pelo álcool. Olhou para o céu estrelado. A noite estava cálida e bastante tranqüila. As notícias tinham sido boas. A guerra entrava nos últimos meses. A previsão era que tudo acabaria em breve. E então, uma multidão de sobreviventes viciados[25] demandaria as delícias de uma vida de prazeres.

---

[25] Uma grande quantidade de veteranos, tanto da União como da Confederação, ficou dependente do ópio que era fornecido deliberadamente às tropas combatentes.

Brian O'Neil cogitava nas maneiras de arregimentar outras mulheres para o cabaré. A cafetinagem era um bom meio de vida. Portanto, ele poderia ampliar ainda mais suas atividades nesse sentido. Com o fim do confronto, milhares de imigrantes pobres iriam aportar em Boston ou em Nova York. Uma mão-de-obra perfeita para seu comércio imoral.

Mathilda o advertira de que não queria mais escravas por ali e que aquilo iria gerar problemas. Mas, oras bolas, a velha dama estava tão comprometida quanto ele. Ela não podia recuar. Brian entendia, e até certo ponto tinha razão, que a venalidade de Mathilda era um abrigo seguro para seus negócios escusos.

Ele riu, sozinho, ao caminhar pela estrada escura e deserta. Jogou a garrafa de uísque vazia no mato rasteiro. Suas pernas estavam bambas e o raciocínio mal conseguia fixar-se em um ponto da realidade. Por isso, só percebeu um grupo hostil acercar-se dele quando já era tarde demais.

Interrompendo seus devaneios, entendeu que seria assaltado. Tentou puxar a arma que trazia e reagir, mas embriagado do jeito que estava, não conseguiu ter um reflexo rápido o suficiente para defender-se. Um bofetão violento foi seguido de vários socos. Sua arma caiu no chão de terra batida. Os malfeitores o imobilizaram, arrastando-o para o bosque que margeava a estrada. Confuso, Brian não pôde ver quando um homem se aproximou e fazendo malabarismos, apanhou o revólver.

Irwin Parker observou a arma com atenção. Era a mesma que o ferira. O médico sorriu, sádico, e a passos lentos, acompanhou seus homens.

Numa clareira banhada pelo luar, Brian foi lançado ao chão. Até então ele não sabia que era vítima de uma vingança. Pensava tratar-se de um roubo comum. Embora entontecido, com os lábios e supercílios doloridos, acionou sua astúcia e tentou negociar:

— O que quereis? Dinheiro? Eu tenho algum na minha carteira!

E erguendo-se com dificuldade, Brian mostrou um maço de notas. Um dos três assaltantes apontava uma pistola. Ordenou a um colega que coletasse o donativo involuntário.

Brian achou que eles iriam embora, mas os três permaneceram parados, como se esperassem alguém.

— O que foi? — indagou Brian, agora amedrontado. — Não é o suficiente? Eu tenho mais em casa!

— Cala-te! — retrucou o homem da arma e que aparentava ser o líder da malta. Sons de ramagens eram ouvidos, indicando que alguém avançava pela floresta, devagar e com dificuldade. Apesar de ébrio, Brian concluiu que aquilo era mais do que um simples roubo. Verificou mentalmente quais suas possibilidades de reação. Era nítido que não tinha nenhuma chance. Essa certeza cresceu quando identificou Parker.

— Doutor? — exclamou ele, admirado. Tentou correr, ciente de que estava perdido. Mãos poderosas, todavia, o imobilizaram. Parker se aproximou.

— Tu estás surpreso? Pensavas que eu não teria coragem para me vingar? Ah, que tolo! Mexeste com o homem errado, comedor de batatas![26] Contei cada dia desses últimos meses! Agora poderemos conversar com mais calma!

— Tu vais me matar? Não podes! Um médico não pode matar!

Parker riu.

— Antes de médico, sou homem! E tenho uma certa influência, meu caro!

— Tu vais me matar? — repetiu Brian, apavorado.— Eu deveria, não?

---

[26] Apelido pejorativo dado aos irlandeses naquela época.

Ridiculamente, Brian lançou-se joelhos e chorando, implorou:

— Por favor, não me faças mal! Eu juro que vou embora; saio da cidade! Vou para Nova York! Faço qualquer coisa!

Os homens olharam o irlandês com sumo desprezo. Não só ele vivera indignamente, como também morreria sem honra. Tomando a frente, Parker exortou o irlandês:

— Levanta-te! Age como homem! És corajoso em uma situação de vantagem, mas quando não podes vencer, choras como uma menininha!

— Lembra-te doutor, que eu poderia tê-lo matado! E que não o fiz!

Parker cuspiu para o lado, tamanho era o seu nojo por aquela alma desprezível.

— Melhor teria sido se tu o tivesses feito!

— Doutor...

— De pé! De pé, canalha! — Irwin agora gritava. Seus olhos estavam incendiados. Não parecia haver clemência neles. Intimidado, Brian obedeceu. O médico balançou a cabeça. Era um gesto pré-acordado. O homem com a pistola vibrou violento soco na cara do irlandês. Brian caiu. Todavia, temendo ser morto caso ficasse deitado, sentou-se na relva, enxugando o sangue que corria pela face, abundante como o suor.

Virando-se para outro dos seus companheiros, o médico disse:

— Norman, vai até a boate e traze Laura! Ela tem de assistir esse espetáculo!

O sujeito nomeado, um gordinho com jeito sinistro, aquiesceu. Em poucos minutos já estava no bar de Mathilda. Perguntou por Laura. Malaquias afirmou que ela estava ocupada, no momento. Norman esperou por quase meia hora. Quando Laura se apresentou, bastante alterada pelo álcool, mas ainda consciente, Norman entregou-lhe um bilhete, dizendo:

— É da parte do doutor Parker! Ele pede que a senhora me acompanhe, por favor!

— Do que se trata? No bilhete ele não esclarece nada!

— Trata-se de um derradeiro presente, senhora!

— Um presente? Para mim?

— Sim! Não tenha medo, senhora! Venha comigo! Há uma outra saída, sem ser a principal?

— Sim, pelos fundos!

— Ótimo, vamos por lá!

E Norman conduziu Laura pela estrada até a trilha que levava à clareira. A italiana estava desconfiada, mas considerou que nada tinha a perder, incluindo aí a honra e a vida. Além do mais, a caligrafia do bilhete era realmente de Parker. Todavia, parou e contemplando os ermos, perguntou:

— Onde o Irwin está?

— O doutor está aqui perto!

— Na mata?

— Sim! Senhora, não se preocupe! Se eu quisesse machucá-la, já o teria feito! Sei que parece estranho, mas é preciso que assim seja! A senhora ganhará um belo presente!

— O que eu posso perder que valha alguma coisa? — tornou a italiana, com ironia. E em um segundo completou:

— Eu vou contigo!

Embora a bebida tivesse afetado o instinto de Laura, ela sentiu que não havia perigo imediato. O rapaz a tratava com muito respeito, demonstrando ter sido instruído para proceder daquela maneira. Em três minutos eles chegaram à clareira. Ao vê-los, o médico se adiantou, exclamando:

— Vós demorastes!

— Ela estava com um freguês! Tive de esperar!

Parker olhou para Laura. Ela abaixou a cabeça, envergonhada. Não sabia se deveria abraçá-lo ou manter-se quieta. Preferiu esperar.

— Bem... — tornou ele, visivelmente aborrecido com aquela informação. — Não faz mal! Passamos o tempo amaciando a carne antes do abate!

Foi nesse momento que Laura observou um homem com a face lavada em sangue no chão. Ela custou a acreditar que se tratava de Brian O'Neil.

— Irwin? O que é isso? — indagou a prostituta.

— Um prêmio por nossa paciência! Vamos livrar o mundo desse parasita!

— É o Brian?

— O que sobrou dele!

Ouvindo a voz de Laura, o irlandês esticou o pescoço e gemendo, ousou implorar:

— Laura, salva-me! Eles vão me matar!

Se O'Neil tivesse permanecido calado talvez uma nesga de piedade se abrisse no coração de Laura Gualfrani. Mas vê-lo agir daquela maneira abjeta, pensando que era alguém de importância sobre a face da Terra, encheu-a de ódio e repugnância. Ela se aproximou, a raiva acumulada explodindo com a força de uma erupção.

— Salvar-te? Só se eu fosse louca, seu miserável bastardo!

O'Neil contemplou Laura cheio de medo. Suas últimas esperanças se esfacelavam diante do soturno vento da vingança.

Fervendo de raiva, a mãe de Glória se aproximou e reclinando-se sobre seu inimigo figadal, sussurrou-lhe ao ouvido:

— Mas quero te acrescentar um pesadelo último, antes de te avistares com o demônio: tu és o pai de Glória! Ela jamais o saberá, pois prefiro que um suíno do porto se passe por pai dela!

— Molestar-me te causa prazer?

— Não tenhas dúvida quanto a isso! Quero te ver morto! E pisar na tua cara!

Os olhos de Brian se dilataram com aquelas revelações. Para ele, tanto fazia ser ou não pai de Glória; isso não o incomodava. Mas saber que ia morrer e que era tão odiado, isso o surpreendia amargamente. No íntimo, Brian achava que merecia o perdão. Portanto, Laura tinha a obrigação de perdoá-lo. Em sua imaturidade espiritual, ele se via como uma criança cuja inconsciência servia de desculpa para as maiores aberrações.

Irwin, que só ouvira a última parte da conversa, entregou a arma de Brian para Laura e comentou, sarcástico:

— Ótimo! Também o quero morto! Contudo, vou te dar esta honra!

A prostituta apanhou a arma, mirando na cabeça do irlandês, que permanecia ajoelhado na relva. Em um segundo, ela recordou-se do mal que ele lhe fizera, da infâmia que ele lhe impusera e da violência que praticara. Uma lágrima desceu pela face da filha de Gualfrani. A excitação do momento lhe anulava a embriaguez. Sóbria como um anjo, Laura percebia que o cruel verdugo, agora, estava a sua mercê.

Naquele instante, porém, Augustus, que acompanhara de perto todo o drama, abraçou a sua tutelada e ciente da gravidade da hora, aconselhou:

— Não Laura! Não te vingues! Não cometas um ato desses! Perdoa!

A italiana tremia, enquanto Brian, corpo encolhido, fechava os olhos. Como se estivesse lutando consigo mesma, Laura bradou:

— Pro inferno com o perdão!

E dito isso, disparou. O irlandês caiu como um saco de areia, debatendo-se em terríveis convulsões.

Laura abaixou a arma, catatônica. Mal podia crer que tinha atirado. Não sabia muito bem o que fizera e nem como se sentia. Jamais pensara que teria realmente coragem para tirar a vida de um outro ser humano. Agora, porém, era tarde para recuar. Assumiu a postura de fúria satisfeita e permaneceu olhando seu algoz.

Irwin quase aplaudiu o gesto assassino. Deu um sorriso sombrio, parabenizando a antiga amante:

— Muito bem, Laura! Muito bem!

Um dos capangas de Irwin virou o corpo do irlandês. Para desgosto de todos, Parker constatou que o tiro não tinha sido mortal. O projétil entrara pela bochecha, despedaçara o maxilar e saíra pelo queixo. Uma quantidade enorme de sangue tingia o solo da clareira.

Uma expressão de contrariedade desenhou-se na face do médico. Agachando-se, Parker comentou:

— Infelizmente, minha cara, não é mortal! Ele poderá sobreviver!

Laura apontou a arma mais uma vez. Um gemido rouquenho, como se fora o sopro odioso de um dragão saído das entranhas de uma caverna, encheu os ouvidos da jovem. Depois de um segundo, a italiana meneou a cabeça, negativamente. Ela passou a arma para Parker, recusando-se a desfechar o tiro de misericórdia.

— O que é isso, Laura? Estás com medo? Ou é crueldade? Queres vê-lo sofrer? e o médico ria, acompanhado pelos companheiros, que viam graça na hesitação.

Sem vacilar, Parker pegou a arma e surdo aos apelos de Augustus, que se renovavam, no sentido de se poupar, se isso ainda fosse possível, a vida do irlandês, disse:

Eu não errarei, miserável!

Um estampido seco vibrou no ar. O corpo de Brian agitou-se mais uma vez e depois de uma última convulsão, enrijeceu-se. O marido de Eleonora fez uma verificação final, para ter certeza de que O'Neil estava realmente morto. Não lhe sentiu o pulso ou a respiração. Empertigando-se, Irwin ordenou:

— Cubram-no com folhas! Que os animais tenham um banquete!

Enquanto seus homens executavam o serviço, Parker aproximou-se de Laura.

— Princesa, nós não devemos nos ver nunca mais! Eu gostaria que tudo fosse como antes, mas Eleonora já sabe o bastante sobre nós! Espero que me entendas!

Com os olhos vidrados presos sobre o corpo de Brian, Laura encerrou o assunto:

— Eu entendo, Irwin! Fica tranqüilo! De todo o coração, desejo-te profunda felicidade! Nossa honra está limpa!

O médico balançou a cabeça, concordando. Depois, como se lembrasse de algo, perguntou:

— Uma última coisa! O que ciciaste para o maldito?

Laura observou o médico. Um misto de desprezo e ódio encheu sua alma quando ela esclareceu:

— Que ele era o pai de Glória!

— Oh! — exclamou Irwin. — E era mesmo?

— Não, Irwin! Monstros não têm filhos!

E dito isso, Laura afastou-se, voltando para seu mundo de infâmia e dores, sem saber exatamente como acabaria toda aquela situação.

Capítulo Oitavo

O Destino do Mal

Passando pela grande catedral de vidro, Augustus procurava por seu superior imediato. Não precisou esperar. Em menos de um minuto, Ângelus apareceu e disse:

— Amigo, por que me buscas?

— Já sabes dos acontecimentos?

— Sim...

Augustus pareceu aborrecido. Tentou explicar-se:

— Eu fiz o possível para evitar que as coisas descambassem, mas...

Ângelus colocou a mão sobre o ombro do companheiro, exclamando:

— Eu sei! Não te culpes por nada! Os homens são livres para agirem! Não são marionetes ou escravos dos nossos desejos! O mérito reside na liberdade! Cabe a eles acatarem a verdade como guia ou não. Nós só podemos tentar infundir pensamentos bons e orientar a respeito das conseqüências dos erros. Nada mais! Augustus, a falência de uma encarnação mormente significa desperdício de tempo. Todavia, a dor proveniente que emana, inexorável, dos equívocos, é fonte inesgotável de reflexão e estudo para o Espírito aprendiz. Tudo o que ocorreu não foi inútil. Laura aproveitará muita coisa disso no futuro. Por agora, não podemos avaliar a realidade com a devida clareza. Mas justa é a lei do Pai. A dor é o corretivo necessário, o aguilhão evolutivo. Sem ela, o homem permaneceria estacionário ou lento demais no processo de crescimento.

Augustus meditou por um instante. Ele entendia os mecanismos da justiça divina. Mas preocupava-se com os débitos acumulados por Laura. As palavras ponderadas e tranqüilas de Ângelus não o satisfaziam por completo.

— Queres, porém, pedir algo de muito grave! — ponderou o mestre, ciente de que Augustus tinha outras idéias em relação à sua tutelada.

— Sim! — respondeu Augustus, semblante sério e circunspecto. Em um segundo emendou:

— Compreendo tudo o que disseste, meu amigo! Contudo, vejo a situação de outra maneira. Acho que Laura perdeu esta encarnação. Todos os projetos fracassaram... Até mesmo a reaproximação com Pólux... Creio que seja pouco produtiva a sua permanência na esfera física. A única coisa que ela vai acumular agora é o ódio e a revolta.

— Tu sugeres uma desencarnação prematura?[27]

---

[27] O processo de desencarnação prematura, aqui narrado, não significa que os Espíritos intervêm no sentido de eliminar uma pessoa. Na realidade, muitos seres humanos são auxiliados, ao longo da existência, com a aplicação de fluidos suplementares, que, por assim dizer, recarregam de energia psicossomática a alma encarnada. Quando um mestre percebe que seu tutelado se desviou demais do caminho, ele se afasta, simplesmente deixando de ajudar e enviar fluídos. O corpo, corrompido pelos venenos mentais e físicos, acelera o desgaste e com ele, o processo de desencarnação. Efetivamente, a transferência de fluidos é muito positiva e é capaz, como se há visto com freqüência na literatura espírita, de prolongar a vida humana. (Nota de Fénelon) Devemos lembrar que essa transmissão de energia praticamente surgiu com a humanidade. No âmbito material, temos narrativas do fenômeno desde a antiguidade. Entre os católicos e outros cristãos é chamada de "benção". Entre os espíritas é chamada de "passe". Para maiores informações remetemos o leitor ao *Livro dos Espíritos*, especialmente à pergunta 424. (Nota de D. Sandri).

— Sim! A doença já está instalada em seu corpo, apesar da nossa constante intervenção. Se pararmos com a nossa assistência regular, ela desencarnará rapidamente!

— Não creio que seja a medida adequada. Ainda não é hora de a abandonarmos!

— Por que não? A continuação dessa existência não tem muito sentido...

Ângelus argumentou com outra pergunta. Fitando Augustus com serenidade, inquiriu, preocupado:

— E quanto a Glória?

— Esse é um problema...

— Não cogitas que, se Laura morresse agora, a menina ficaria desamparada e poderia no futuro, compartilhar a mesma sorte da mãe?

— Sim, mas penso que poderíamos achar uma saída para o problema...

— Augustus, o melhor a fazer é apoiar Laura ao máximo. Ela deverá viver o necessário. Tu compreendes que o sofrimento é o buril que lapida o Espírito? Ela lucrará muito com o que está acontecendo, em termos de experiência.

— Temo pelo acréscimo de débitos perante as leis divinas. Laura tornou-se uma homicida. Ela compactuou com Parker!

— Acreditas que a justiça celeste é incapaz de ver as atenuantes? Laura sofreu muito e foi envenenada por drogas e pelo ódio. Brian O'Neil recebeu o pagamento que cabe a todos os perversos. Infelizmente, a natureza humana traz consigo esses lances de loucura e revide. Brian colheu o que semeou. Parker e Laura responderão, bem como todos os envolvidos, por esse crime. Mas não agora. Devemos ajudá-los a levar essa vida até o fim, na medida do possível! Não te preocupes, meu amigo! Deus não abandona nenhum de seus filhos!

Augustus, embora não concordasse totalmente com o mestre, compreendeu que deveria esquecer a proposta que tinha em mente. Depois de fazer algumas argüições mentais, perguntou para Ângelus:

— O que foi feito de Brian? Eu não o vi mais depois da noite do assassinato!

O grande instrutor meneou a cabeça e esclareceu, entristecido:

— Se o homem soubesse, meu amigo, o destino terrível que aguarda os criminosos, pensaria com muito cuidado antes de infringir as regras da harmonia. Jesus nos ensina que cada um receberá de acordo com suas obras. Ninguém estará livre antes de pagar até o último centavo. E inumeráveis são as moradas do Pai. Assim, cada um irá habitar onde estiver o seu coração...

— Creio que seja justo afirmar que ele não está em um endereço muito aprazível! — interrompeu Augustus, curioso.

— E nem em uma condição agradável! Mas cada alma é arrastada para o lugar que lhe é propício, para que partilhe a bondade ou a maldade entre os seus iguais. Um selvagem se sentiria deslocado entre doutores. Conviver com os semelhantes pode ser por si só uma agonia, pior do que o inferno descrito pelos antigos judeus e pelos mestres da literatura terrena! Não te esqueças de que o homem é o lobo do homem!

— Mas para onde ele foi?

— Augustus, Brian O'Neil está agora nos vales profundos. Por sua afinidade, foi levado para lá, agregado a companheiros da mesma natureza...

— E por que Pina não?

— Foi o que eu disse. Sua alma estará onde estiver seu coração. O pensamento de Pina está ainda preso à Laura. Quer, de alguma forma, reparar o dano que provocou. Mas o faz de uma forma equivocada, pois não consegue compreender que melhor seria se afastar e receber o tratamento adequado. Como não o faz, perturba

Laura com seus pensamentos e fluídos negativos, gerando toda uma gama de sentimentos infelizes em sua esposa.

— Eu não entendo! Pina é tão criminoso quanto Brian! Por que não foi igualmente para os vales profundos?

— Pina estava um pouco melhor. Sua vibração, semelhante a da matéria densa, permitiu que ele permanecesse no ambiente terrestre. Contudo, está ensandecido. Tu já o viste. Ele está como louco, clamando vingança contra Brian, ciente agora de que o amigo o arrastou para os maiores crimes. Se tivesse consciência plena, Franco poderia descer até os vales profundos ou subir o suficiente para receber atendimento nas esferas adequadas. Todavia, sua mente, cristalizada no passado recente, o impede de sair desse estágio estacionário.

— Podemos fazer algo por ele?

— Certamente! Benfeitores o ajudaram por diversas vezes! Infelizmente, ele ainda não melhorou a qualidade de seus pensamentos...

— E quanto a Brian? Podemos ver como ele está?

Ângelus pensou por um instante e respondeu:

— Verificarei se é possível! Há uma caravana de socorro demandando tais áreas umbralinas ainda hoje. Conversarei com o supervisor Málvius e pedirei a devida autorização.

Augustus balançou a cabeça, concordando. Teve de esperar por mais de uma hora até que o mestre reapareceu, dizendo:

— Tudo certo! Málvius permitiu a tua ida, desde que eu seja o responsável por ti.

Augustus quase vibrou de alegria, mas foi repreendido por Ângelus:

— Não penses, meu amigo, que será uma excursão de recreio! Nessas áreas sombrias, o que encontramos com mais freqüência é a dor. É a morada do pranto e do ranger de dentes de que nos ensinava Jesus. Investe-te, portanto, da mais funda coragem e nutre-te do equilíbrio interior necessário.

Augustus guardou consigo aquelas advertências, quando se incorporou à caravana que iria chafurdar na lama das paixões humanas. Augustus, tal qual um novato, logo considerou que se existia algo semelhante ao inferno, aquele era o quadro mais próximo e mais fiel do reino de satã.

A paisagem era nebulosa. O sol não penetrava com seus raios consoladores, dando a impressão de sítio sujeito à longa invernada. Ravinas úmidas eram cortadas por um vento frio que sacudia os galhos de árvores retorcidas.

O solo era pastoso, semelhante ao barro, mas coberto por uma substância pútrida, que parecia ser feita de cinzas vulcânicas. Um odor nauseabundo, misto de esgoto e enxofre causava fortes náuseas.

O chamado "Vale Profundo", era uma das regiões negras do umbral, destinada a absorver a energia negativa produzida por Espíritos endurecidos e devotados ao mal.

Aqui e ali hordas sinistras se reuniam, qual súcia de celerados andrajosos. Pareciam vagar em desespero, em busca de uma saída. Algumas almas permaneciam jogadas ao chão, desacordadas ou enlouquecidas. Outras ainda afundavam o rosto entre as mãos pecadoras, lamuriando-se com fúria. Não raro, acusavam alguém pela própria desdita, recriminando não a si, mas a terceiros, por estarem presos ali.

Augustus logo entendeu que a área abrigava criminosos de todas as estirpes: homicidas, viciados, tiranos domésticos, genocidas, estupradores e o que a escória humana tem de pior. Ângelus ignorou sistematicamente todos aqueles Espíritos. Não era a sua missão, embora se compadecesse da sorte que lhes cabia. Levou Augustus até um horroroso aglomerado de casebres construídos de barro, assimétricos. Distanciando-se da caravana, Augustus e Ângelus penetraram na aldeia tenebrosa.

Protegido pela irradiação espiritual de Ângelus, Augustus percebeu que eles passavam pelas ruelas sem serem notados.

— Eles não podem nos ver? — indagou Augustus.

— Não! A vibração deles é ainda mais baixa do que a terrestre! Alguns nos percebem intuitivamente. Mas não podem nos ver. Estamos seguros!

E dito isso, Ângelus avançou até um casebre. Mostrou-o a Augustus, avisando:

— Brian está aqui!

Eles entraram no tugúrio sem a menor cerimônia. O ambiente lembrava bem um sepulcro asqueroso transformado em habitação coletiva. O silêncio era total. Cinco Espíritos estavam no cômodo, ajeitados em posições que indicavam um transe profundo. Estavam parados, olhares vítreos, cansados. De vez em quando um estremeção indicava que ali estava um ser humano.

— São Espíritos transtornados pelo mal. Permanecem assistindo seus crimes por muito tempo. Os quadros mentais se repetem sem cessar, até que se esgote o conteúdo emocional do dano provocado. É uma espécie de catarse — esclareceu Ângelus, aduzindo em seguida:

— Muitos desses transes são induzidos pelos mestres, quando o Espírito demonstra um princípio de arrependimento. Isso apressa o processo de recuperação.

— Demora?

Depende de cada um! Às vezes, muitos anos. De qualquer modo, nós os retiramos daqui apenas quando eles acordam e pedem por socorro. No estado em que estão, é inútil qualquer tentativa.

— Eles não poderiam ser levados a uma colônia de socorro? — indagou Augustus.

— Sim, mas o ideal é que eles eliminem a carga negativa em um local apropriado. Tu deves compreender que o vale profundo funciona como uma espécie de cloaca do plano espiritual. É a latrina dos desejos e sentimentos humanos! Se levássemos todos esses condenados, eles poluiriam nosso ambiente, causando queda vibracional. Por isso o processo de limpeza tem de ser lento e gradual...

Considerando suficiente a explicação, Ângelus se aproximou de um homem que, de cócoras, permanecia contemplando o nada. Na obscuridade ambiente, Augustus não reconheceu o personagem.

— É Brian! — disse Ângelus, apontando para o Espírito que permanecia imóvel como uma estátua.

Augustus aproximou-se. Ao anotar-lhe o aspecto geral, comentou:

— Ele está mal!

— Muito! Mergulhou em um estado pré-consciente! Para ele, o que aconteceu foi um pesadelo. Sente como se estivesse dormindo!

— É possível libertá-lo agora?

— Dificilmente! Apesar dos esforços de Audrey, sua mãe, ele continua bloqueando os acessos para a realidade. Como sabemos, mesmo um homem como Brian está amparado! Um dia os esforços de Audrey trarão resultados positivos.

Agachando-se, Ângelus fixou seus olhos no olhar opaco de Brian. O'Neil não pensava em nada. Sua atividade mental era baixíssima, como se estivesse completamente desligado da realidade à sua volta. Ângelus tornou a se erguer e passou a rezar. De suas mãos espalmadas, faíscas azuis começaram a se irradiar, explodindo sobre a cabeça insensível de Brian.

Após alguns segundos, o irlandês esboçou uma reação. Ele vislumbrou uma luz que cortava a escuridão. Tentou falar, mas perdera a memória das palavras. Ângelus leu seus pensamentos, entendendo que ele procurava concatenar as idéias.

— "Quem é o senhor?" — pensou Brian, sem conseguir dizer coisa alguma.

— Brian, acorda! — exortou Ângelus. — É preciso que despertes! Tua mãe quer te levar para casa!

Uma lágrima escorreu pela face descarnada de Brian. Ele tentava analisar os fatos, mas um sono invencível o arrastava para o vácuo. Com dificuldade, avaliou:

— "Minha mãe? Impossível! Ela morreu faz muito tempo! Onde ela está?".

— Ao teu lado, sempre! Ela tenta te ajudar, mas precisas manter a consciência! Só assim poderás arrepender-te e ganhar o perdão e a paz!

— "Perdão? Paz? Eu não mereço! Sou um réprobo miserável, condenado para sempre ao inferno!".

— Não, meu filho! Nem uma só criatura será desperdiçada! O nosso Pai é grande em misericórdia e ama todos os filhos igualmente! Deus é nosso arrimo e não nos faltará nunca! Busca a virtude Brian, e toda a felicidade te será dada! Não a felicidade terrena que o tempo destrói e os homens corrompem, mas a divina, que exige a compreensão do Universo e a expansão do amor em todos os seus aspectos!

— "Deus? Deus não existe...".

Foi a última coisa que Brian pensou. Aos poucos sua mente foi se apagando novamente e mergulhou no abismo ignorado do nada.

— É inútil! — asseverou Ângelus — O desejo de Brian de fugir dos erros é muito grande. Para se proteger, ele simplesmente anula a consciência. Ao menos isso indica que ele está sitiado pelo remorso. Será mais fácil recuperá-lo quando ele tiver coragem para se enfrentar. Choques como esse, Augustus, de tempos em tempos, o farão despertar.

Augustus ficou observando ao que se reduzira o irlandês. De tanta arrogância e prepotência só sobravam escombros.

— Vamos voltar com a caravana! — sugeriu Ângelus — Talvez tenhamos melhor sorte com Pina.

Não muito tempo depois, um grupo de sete Espíritos penetrava, a pedido de Ângelus, no antigo prostíbulo de Kevin Cunningham.

Várias entidades desencarnadas permaneciam no ambiente, tiranizadas pelo vício implacável do álcool, das drogas ou da luxúria. Elas se aproveitavam dos freqüentadores para aspirar o néctar pernicioso dos fluidos torpes, o que lhes causava uma impressão de prazer e satisfação que já não mais podiam fruir fisicamente.

Esse não era o caso de Franco Pina. Vestido ainda com o casaco azul da União, ele permanecia ao lado de Laura e Glória, especialmente da menina, porquanto não conseguia suportar a realidade que forjara para sua ex-esposa. Ainda assim, ele a protegia o quanto podia, afastando dela os malfeitores comuns e os Espíritos obsessores, que tão amiúde apareciam em lugares como aquele.

Franco tinha sido retirado dali várias vezes por amigos espirituais, mas acabava sempre voltando. Desta feita, porém, Ângelus apresentou-se bondosamente e disse:

— Franco Pina, é hora de partires! Precisas receber o cuidado necessário!

— Não posso! — revidou o outro, evidentemente transtornado — Preciso cuidar de Laura e da filha dela! Tu sabes o que eu fiz? Tu sabes?

— Não poderás ajudá-las do jeito em que estás!

— Posso sim! Não devo sair!

— Há outras maneiras de fazê-lo, não necessitas permanecer nesse ambiente nefasto!

— Já me disseram isso! Mas fico sempre pensando no que fiz! Não consigo esquecer! Não consigo!

Ângelus entendeu que o trauma psicológico de Pina deturpava-lhe o raciocínio. Resolveu seguir outra linha de argumentação.

— Não confias em Deus?

— Em Deus? Acho que confio! Sei que estou morto! Sei que morri! Mas não entendo nada do que se passa! Sinto-me como se estivesse vivo! Vejo as coisas claramente e, no entanto, tudo está tão diferente...

— Pois amigo, nós somos os prepostos de nosso Pai! Nós vamos te ajudar e prometo que envidaremos todos os esforços para tirar Laura daqui...

— Não, não! — recusou-se Pina, meneando a cabeça, enfaticamente.

— Isso já acabou, poderás ter uma nova vida, agora...

— Eu preciso cuidar delas!

— Já cuidaste em vida! É o suficiente!

— Eu fui um canalha! Eu a destruí! Mereço ir para o inferno! Talvez já esteja no inferno, ou quem sabe, no purgatório!

E Franco Pina desabou no chão. Começou a soluçar, esfregando os olhos. Ângelus passou a mão sobre a cabeça do italiano e disse:

— Nunca é tarde para recomeçar, meu filho! Mas não aqui! Confia em mim! Laura não ficará desamparada!

Agora o choro de Pina era convulso. Em desespero, comentou:

— Pai, meu pai! Os anjos se compadecem da minha desgraça! Não faço jus a tamanha misericórdia...

Ângelus ergueu-o carinhosamente, como se o fizesse a um filho caído.

— Vamos, Franco! É hora do descanso! Laura ficará bem!

— Tu tens certeza?

— Sim!

— Eu vou contigo, então! Sinto-me tão exausto e triste...

— Ótimo!

E de um gesto, Ângelus fez sinal a um grupo. Uma padiola foi estendida e Pina se deitou nela.

O italiano, desta feita, não retornou para junto de Laura. Ele passou longo tempo se recuperando do fracasso de sua missão. Reencarnou alguns anos depois, sem se reencontrar com Laura ou O'Neil. Era a trégua necessária para uma alma fatigada, que ainda teria muito a aprender.

A filha de Gualfrani ficou livre assim, para escapar do naufrágio de sua vida. Ela teria a chance de voltar à tona para respirar e ver o sol outra vez.

Capítulo Nono

O Abraço do Passado

Quase uma década se passou, em triste desespero para Laura. Envolvida pela atmosfera terrível da corrupção, a filha de Giácomo Gualfrani em nada mais lembrava a jovem inteligente e voluntariosa que abandonara a casa paterna.

Laura tinha agora trinta e dois anos, mas aparentava bem mais. Rugas prematuras desenhavam-se em torno dos olhos e os cabelos principiavam a embranquecer. Atormentada pelo vício do ópio, pela tísica crônica e pela devassidão, a viúva de Franco Pina transitava diariamente entre os cacos de uma vida em pedaços.

Todos os esforços de Augustus haviam redundado em fracasso e o guardião se perguntava, constantemente, se a morte não teria sido o melhor caminho para Laura. Acontece que Glória estava atingindo uma idade preocupante e terminava sua instrução primária em um educandário para moças. Até aquela época, Glória pouco sabia das atividades da mãe. Passava longos meses internada e só recebia visitas de quinze em quinze dias, aos sábados, pela manhã. Ela pensava que seu pai era Franco e que ele morrera na guerra.

Laura ocultava a verdade para Glória por medo de perdê-la definitivamente. Inventara a estória de que era uma pobre governanta em casa de família abastada.

Sentindo que a filha estava crescendo e que seria impossível mentir por muito mais tempo, Laura pensava em escrever para Antônio, que ela nem sabia se ainda estava vivo. Procuraria o irmão, implorando-lhe ajuda, sem contar a verdade. Pensava em passar por morta, o que não seria muito difícil, porque era assim que se sentia.

Contudo, um outro fato veio lhe agravar a situação, já de si dramática. Em 1869, Mathilda, que ajudava a manter Glória no educandário, foi vítima de uma infecção aguda e morreu. A sucessora do negócio, Amanda, a antiga protegida de Brian, fez o que pôde, mas reconheceu que a casa não teria como custear a continuidade dos estudos de Glória. Ela explicou a situação para Laura com sinceridade. Desesperada, porque não queria que a filha descobrisse as coisas tão cedo, Laura decidiu escrever uma falsa carta póstuma ao irmão, naquele princípio de 1872. Ela engoliria a vergonha e o orgulho, pois não enxergava outra saída. Mais cedo ou mais tarde, ela teria de desistir da filha. O que ela não sabia é que seus protetores não haviam ainda desistido dela.

Isso porque numa noite comum de trabalho, aparentemente igual a outras tantas, entraram na casa dois cidadãos que, pelos trajes e pelo linguajar, se portavam como estrangeiros. Eles riam deveras e falavam em um dialeto que Laura identificou de pronto, apesar da música que tocava no piano. Era o seu idioma pátrio. Nunca o dialeto lombardo lhe pareceu tão belo. Soava-lhe quase tão sagrado quanto o latim. Naquela época a diáspora italiana estava em seus começo; mas já não era incomum a presença no Novo Mundo de compatriotas que fugiam de anos de guerra e da miséria na Europa. Todavia, raramente se viam lombardos pelos lados de Boston.

Atenta à conversação, Laura abandonou grosseiramente o seu acompanhante pago e se aproximou dos recém-chegados. Olhou para um deles fixamente, mas não o reconheceu e nem imaginou que isso seria possível. O segundo rapaz permanecia de costas para ela, voltado para o balcão. Com sua experiência, Laura notou que eles tinham trejeitos afeminados. Isso não lhe pareceu estranho.

Ouvindo-lhes a conversa animada, Laura tocou no ombro daquele que estava virado para as mesas, cotovelos apoiados sobre o balcão.

— Vós sois da Lombardia?

O jovem a quem ela havia fitado, respondeu, alegre:

— Somos! E tu, és filha da bela Itália também?

Laura respondeu com um gesto positivo, mas sua atenção se fixou no outro homem, que olhando para Malaquias, ficou imóvel, como se tivesse tomado um choque emocional.

— Olha só! Que coincidência, hein Étore? Não importa em qual lugar do mundo estejamos! Sempre acharemos um italiano...

O outro homem se virou então. Ele tinha traços pouco varonis, mas os olhos eram penetrantes como os de uma águia.

Laura e Étore se olharam, em silêncio, mutuamente perturbados. Depois de alguns segundos, ela exclamou, estupefata:

— Étore! Étore Balesteri!

— Laura Gualfrani? Não é possível!

De um átimo, Laura compreendeu aquele encontro. A casa tinha fama de arrumar parceiros para homossexuais. Muitos apareciam para desfrutar da companhia masculina que podia ser comprada por um bom preço.

Por quase um minuto eles se contemplaram, constrangidos. O amigo de Étore riu de admiração:

— O quê? Vós vos conheceis?

— Sim! — exclamou Étore. A seguir apresentou o amigo para Laura. Étore não o fez por educação; o fez porque não sabia o que falar naquele momento.

— Laura, esse é Maurício de Bona!

— Encantado! — disse o jovem, com evidente zombaria. Laura não se apercebeu desse detalhe. Ela estava fascinada demais pelas armadilhas da vida para notar o desprezo de Maurício.

— O que fazes aqui? — perguntou ela, embora já soubesse a resposta.

— Acho que a pergunta caberia melhor a mim! — tornou Étore. Era nítido que um misto de compaixão e amargura atravessavam a alma dele por ver Laura naquele estado. A viúva de Franco Pina enrubesceu e baixando a fronte, desconversou:

— É uma longa estória!

— Pelo jeito, bem triste!

— Sim!

Nesse instante, Maurício, percebendo que o diálogo tornara-se sério, pediu licença e se afastou. Ele não estava acostumado e nem tinha interesse em participar de assuntos delicados. De Bona correu para o lado, em busca da música frívola que preenchia o ambiente.

— O que houve? — indagou Étore.

— A sorte me foi madrasta! Franco me traiu, lançando-me nesse mundo trágico!

E onde ele está agora?

— Morto, graças a Deus! Morreu na guerra civil!

— Tu estás só, na América?

— Não, tenho uma filha de dez anos! O nome dela é Glória! Está em um internato! Não posso criá-la aqui, nesse lugar, nessa podridão! Tu entendes, não?

Os olhos de Étore brilharam estranhamente. Ele mal podia sustentar sua admiração. Ver a arrogante Laura reduzida àquilo, o enchia de desapontamento. Ao fazer uma verificação mais acurada, pôde perceber que a sua antiga prometida tinha uma aparência doentia, estranha. Isso o magoou ainda mais e ele se perdia nas amargas cogitações sobre o destino e a dor, quando ouviu Laura inquirir:

— E tu? Como chegaste tão longe de casa? Por que estás em Boston?

— Acreditas em Deus? Se eu não acreditava antes, agora acredito!

— Por que dizes isso?

Étore empertigou-se. Passou a mão sobre o rosto e respondeu, esquivo:

— Por nada!

— Mas como vieste parar aqui? — insistiu a italiana.

— Eu vim a negócios!

— A negócios?

— É! Antes eu achava que eram meus negócios, agora acho que são de Deus!

Laura o olhou com estranheza. Étore explicou-se:

— Poucos meses depois que fiquei sabendo da tua partida, decidi que deveria construir uma vida nova. Já não suportava mais aquela gente provinciana da nossa terra. Sempre comentando sobre a minha opção e tudo mais... Então fui para Roma. Lá estudei pintura e conheci uma série de, como diria, rapazes do exército de Napoleão. Fiz muitos amigos e passei a me dedicar ao comércio de artes e antiguidades... Quando os patriotas invadiram a cidade, minhas relações de amizade com os franceses não foram bem vistas pelo novo governo. Assim, achei melhor ir para Paris! Os comunciros tinham devastado a cidade durante a guerra com a Prússia e o comércio estava quase paralisado! De qualquer maneira, encontrei alguns americanos em Paris. Eles encomendaram quadros e objetos de arte... Como a guerra arrasou com as economias de várias famílias nobres, elas se desfizeram de seu patrimônio artístico... Tu não sabes, mas na

Nova Inglaterra, há pessoas refinadas, que não perdem em nada para os europeus. Assim, eu vim para cá, como representante para os franceses e para entregar algumas obras de arte.

— Ah, foste bem-sucedido...

— É, não posso dizer que estou mal... Porque se dependesse do meu talento para pintar quadros, estaria passando fome! E além disso, as fotografias vão acabar com o mercado de retratos...

Laura riu.

— Não posso crer que tu sejas um pintor tão medíocre!

— Não apostes, minha cara! Não apostes! Sou melhor marchand que artista! Mas também tenho tempo para a diversão! E como me confidenciaram no hotel que se quisesse diversão poderia encontrá-la nesta boate, aqui estou!

— E esse rapaz que te acompanha? Não é teu parceiro?

Étore fez um trejeito típico e reclamou:

— Quem dera! É um concorrente, isso sim! É um pouco estouvado, mas é boa pessoa. É de família rica, também... O pai não o suporta e prefere que ele fique longe, viajando...

Étore apanhou um copo de rum no balcão e tomou um gole. A seguir, ficou sério novamente e comentou depois de alguma reflexão:

— Teria sido melhor se tivesses concordado com a minha proposta, Laura!

Nos olhos da jovem, brilharam centelhas de arrependimento. Amargurada, deixou cair um segundo de silêncio. Étore já ia se afastar, pois Maurício fazia gestos insistentes com a mão, chamando-o, quando Laura perguntou:

— E meu pai? Como ele está?

Étore parou. Cravou seu olhar no rosto de Laura e respondeu:

— Então não sabes? Nunca soubeste?

— Não, nunca mais tive notícias de casa! — disse a jovem, preparando-se para o pior.

Étore sinalizou para Maurício que esperasse. Recostando-se novamente, comentou:

— Bem, numa das cartas de minha mãe, soube que teu pai, meses depois do teu sumiço, teve uma apoplexia que o deixou paralisado. Até o ponto em que tive notícias, ele está preso a uma cadeira de rodas!

— Mas está vivo?

— Creio que sim. Caso contrário, minha mãe o teria dito! Ela adora contar desgraças!

Laura desconsiderou a última observação. Sua mente engendrava soluções para a realidade.

— Tu pretendes retornar para a Itália? — ela indagou, mudando aparentemente de assunto.

— Sim! Não me demorarei muito na América! Em duas, no máximo três semanas, partirei! Vou ficar em Paris por uns meses e depois volto para a Itália. As coisas já devem estar mais calmas lá, agora...

Laura permaneceu em silêncio por um instante. Depois de ponderar serenamente, ousou pedir:

— Tu levarias Glória contigo? Eu pago a passagem dela! Não quero te causar embaraços, nem exigiria de ti tamanha responsabilidade, mas minha situação aqui é crítica. Não quero que ela presencie o meu fim! Eu estou doente, Étore! Estou com a tísica! Tenho me tratado, mas não sei o quanto me resta! Se minha filha se envolver com isso aqui, terminará como eu!

— Por que não partes com ela?

— Não posso! Minha dívida é enorme! Amanda, a gerente da casa, é boa pessoa, mas não poderia abrir exceções. E eu só conseguiria pagar a viagem de Glória pegando mais dinheiro emprestado, que honraria com o meu trabalho. De mais a mais, o que faria na Itália? Não tenho nem emprego, nem família que me acolha!

— E por acaso os Gualfrani acolheriam tua filha?

— Meu pai eu não sei; deposito minhas esperanças em meu irmão, Antônio. Ele pode ser misericordioso.

Étore olhou para Laura. Seu semblante refletia perplexidade. Aniquilado com aquela situação, respondeu:

— Certo! Conversarei contigo antes de partir! Agora, minha cara, quero me divertir! Maurício, a fina flor do pântano, me chama!

Laura, receosa de que aquela sua súplica não surtisse efeito na alma de Étore, segurou-o pelo braço.

— Por favor, Étore! Eu te imploro! Não deixes minha filha se perder!

A atitude de Laura refletia a falta de confiança no ser humano que se instalara em seu Espírito. Étore não se zangou. Reconheceu que Laura estava desesperada demais e temia ser entregue à própria sorte.

— Tu acreditas em Deus, Laura? — perguntou o filho de Faustino.

— Não! — respondeu ela, enfática e decidida. — Jamais acreditaria em um Deus que me castigou tão impiedosamente!

— Eu também não acreditava! — continuou ele. — Acho que até hoje, não acreditava!

Uma pausa enigmática se fez. Étore, observando a expressão confusa de Laura, emendou:

— Tu não precisas acreditar em Deus! Acredita em mim! Não falharei contigo!

E dito isso, Étore se afastou, aproximando-se do colega que a esta altura, já estava tratando dos próprios interesses.

Laura não conseguiu trabalhar mais naquela noite. Sua mente prendeu-se na possibilidade de salvar Glória.

Nos dias que se seguiram, Étore não apareceu. Desapontada, Laura afogou-se no ópio devastador. Ela imaginava que Étore não cumpriria com a palavra empenhada; que se vingaria dela por ter sido outrora rejeitado. Nesses dias, Laura chorou muito, cansada de viver.

Todavia, ao cabo de duas semanas, o marchand apareceu, pela manhã. Apresentou-se a Amanda e com ela teve uma longa entrevista. Eram nove horas quando Amanda mandou chamar Laura.

Ao ver Étore, Laura mal pôde acreditar. Abraçou o compatriota como se ele fosse um dos santos perdidos de seus tempos de inocência.

Interrompendo aquela devoção imprópria, Amanda explicou:

— Malaquias foi buscar Glória no internato! Escrevi um bilhete, explicando para a reitora. Espero que não te importes! O senhor Balesteri mandou o dinheiro para quitar todas as dívidas da menina e também as tuas! É uma soma enorme, e no que nos diz respeito, tu não nos deve nada a partir de hoje! Estás livre para voltar para casa, Laura!

A filha de Giácomo Gualfrani afastou-se um pouco. Ela chorava convulsivamente. Quando conseguiu se acalmar, perguntou:

— O que significa isso?

— Tu vais conosco, Laura! — explicou Étore — Voltarás para a Itália, começarás vida nova! Eu guardarei segredo sobre o que aconteceu aqui! E tu guardarás segredo sobre quem eu realmente sou! Como antigamente! — e sorriu, aludindo a um acordo que caducara há muito tempo. Em um instante, Étore prosseguiu:

— Tu recusaste a minha proposta uma vez! Mas agora acho que não podes e nem deves recusar!

— Hoje eu vejo que teria sido sábia se tivesse aceitado os teus termos naquela época! Não serei tola uma segunda vez!

Então Laura abraçou Étore novamente e beijou-lhe a face em um gesto de agradecimento pleno. O italiano afastou-a e brincou:

— Agora, como dantes, não precisamos levar o acordo a tais extremos!

Laura começou a soluçar entre risos. Estava tão feliz que as lágrimas se confundiam com a alegria de um porvir de renovadas esperanças.

Capítulo Décimo

A Verdade se Apresenta

Fazia sol no tombadilho do navio. Laura debruçava-se, sozinha, sobre a amurada, olhando fixamente para o mar. Ela considerava a diferença de objetivos entre a viagem de ida e a de volta. A única coisa que permanecia inalterada era a esperança. E foi a esperança que a fez largar o ópio, apesar disso lhe ter custado várias e violentas crises de abstinência durante a travessia. Ela queria, se fosse possível, apresentar-se ao pai limpa, sem quaisquer vícios. Concomitantemente, Laura sentia que sua saúde declinava e que as crises só lhe aumentavam os padecimentos oriundos da tuberculose oportunista.

Glória, sem entender o que significava não só aquela doença estranha como também todas as mudanças súbitas, postara-se como um cão fiel à cabeceira do beliche da mãe. Só saia da cabina quando Laura se propunha a andar um pouco.

Étore chegou a achar que Laura não sobreviveria. Por isso, quando a viu sozinha, no convés, foi até lá para conversar.

Respirando o ar puro e com a brisa lhe balançando os cabelos, Laura se sentia melhor.

— E então? Já estás recuperada? — indagou o rapaz.

— Não totalmente; ainda transpiro muito e tenho febre todas as noites...

— Isso passa; o ópio tem mesmo esse efeito...

— Eu sei; deixei de usá-lo em outras ocasiões... Acabei voltando, porque não conseguia suportar a vida sem ele. No entanto, agora quero parar!

— É bom! O vício prolongado acaba matando!

— Como se eu ligasse para a morte! — Étore olhou seriamente para Laura. Sentiu que ela não falava aquilo para provocar piedade. Era um sentimento genuíno, profundo, de desinteresse pela existência humana. Imediatamente, um assunto assomou-lhe à mente. Não tivera a oportunidade partilhá-lo antes. Sem considerar as meditações do rapaz, Laura cortou-lhe o raciocínio, dizendo:

— Étore, quero que saibas que farei o possível para pagar minha dívida! Ainda não sei como, mas eu o farei! Nem que tenha de trabalhar de sol a sol...

O filho de Nicole riu. Virando-se de costas para o mar, comentou:

— Tu achas que fui eu quem pagou? Minha cara, eu não tenho tanto dinheiro assim! Na verdade, quem abriu a carteira foi o Maurício. Ao meu pedido, mas foi ele... Tu deves agradecê-lo!

Laura estava assombrada.

— Nossa! Por que tamanha generosidade?

— Para o Maurício, dinheiro não tem importância! Ele trocaria tudo o que tem por um pouco de amor do pai! É terrível se sentir rejeitado! E ainda receber um subsídio para se manter longe! Então, essa é a vingança dele! Gasta o máximo que pode do dinheiro da família!

— Como isso é triste! Por que nós não nos aceitamos uns aos outros?

Étore ouviu a observação, atento. Era o gancho introdutório para o seu assunto. Queria falar algo que estava lhe incomodando desde o dia em que a encontrara. Ele parou e fez uma reflexão profunda, como se olhasse para o interior de sua própria alma:

— Às vezes é difícil aceitar até a si mesmo, Laura!

— Tu tens razão!

— A propósito, queria te narrar um fato! Algo estranho!

— O quê?

— Não sei se tu vais acreditar! É meio místico!

— Eu me tornei uma atéia convicta, mas acredito em tudo, meu amigo! Até em Deus!

Étore virou-se para Laura. Ela mantinha uma expressão risonha. Decidiu contar. Suspirou e foi em frente:

— Bem, como sabes, meus negócios levaram-me à Paris várias vezes na década passada. Eu atravessava, nessa época, uma fase aguda de negação! Não é fácil ser como eu sou, em um mundo repleto de ignorantes! Tinha tido uns problemas por conta do meu jeito e estava arrasado. Pela necessidade de desabafo, conversei com uma cliente, madame Bouvert, reclamando que não sabia o motivo pelo qual Deus me fizera assim! Para minha surpresa, ela falou que tudo tinha uma razão de ser e que nada acontecia por acaso! Duvidei muito, acusando Deus de injusto e cruel! Ela então me emprestou um livro, de um autor que nunca tinha ouvido falar: Allan Kardec. Soube depois que era um pseudônimo. O nome do volume era sugestivo: *O Livro dos Espíritos*. Na hora achei que era mais uma daquelas dissertações absurdas e incongruentes! Todavia, a leitura me fez reconhecer que se tratava de uma obra espantosa. Toda a lógica da natureza estava ali descrita, em uma linguagem simples e isenta de superstição! Compreendi que uma alma vive inúmeras vezes e que volta à Terra para aprender cada vez mais! E que nesse processo, toma tanto o corpo de homem como o de mulher! Podemos viver dezenas de vidas com o mesmo sexo, mas há momentos em que o trocamos; apenas e tão somente para vivenciar novas experiências. Nessas mudanças, nem todos se adaptam perfeitamente. Madame Bouvert me explicou que é por isso que muitas criaturas se sentem deslocadas com o sexo que têm!

— É uma explicação meio implausível! — replicou Laura, sem se entusiasmar muito.

— Mas não é tudo! O livro é respondido pelos mortos! Kardec fazia as perguntas e os mortos respondiam!

Laura agora ria discretamente.

— Como? Através de algum aparelho como o telégrafo?

— Não; através de pessoas mesmo! São chamados de médiuns!

— É latim?

— É!

— Meios! — decifrou ela. Arqueou as sobrancelhas e continuou:

— Bem Étore, isso não prova nada!

— Também pensava assim! Foi quando conversei com a senhora Bouvert, exprimindo a minha opinião de que a teoria era aceitável, mas faltava-lhe uma base empírica. Então, certa noite, ela me convidou para assistir a uma sessão. Por causa do livro eu tinha ido a algumas dessas experiências. Elas eram bem populares em Paris entre a alta sociedade. O próprio Napoleão assistiu essas peças, ao que parece sem se convencer muito. Eu também não me impressionei! Eram fraudes gritantes ou coisas ridículas, sem nexo, como mesas sendo erguidas e depois jogadas no chão com violência. Não sai convertido de nenhuma delas. Por isso, não queria ir de novo. Mas madame Bouvert insistiu tanto que eu acabei concordando, só para alegrá-la. Quando chegamos na casa, já estavam ali umas seis pessoas. Esperava encontrar um ambiente bizarro, com um caldeirão no fogo, teias de aranha no teto e desenhos maléficos. Enganei-me redondamente. Tudo apontava para uma habitação normal e as pessoas eram polidas e cultas. Cumprimentaram-me afavelmente. Sentamo-nos em volta de uma grande mesa circular, na penumbra de uma sala. Apenas velas iluminavam o lugar. Foi feita uma oração inicial. A seguir, uma jovem, de uns dezoito anos, começou a respirar de maneira ofegante. Sua cabeça pendeu e eu pensei: "a farsa vai começar". Durante meia hora a menina discorreu sobre assuntos evangélicos. Para mim, tais assuntos esclareciam pouca coisa sobre a autenticidade dos fenômenos, embora revelassem elevado conteúdo moral. Já estava ficando enfadado quando ela disse:

"Temos hoje ilustres convidados invisíveis! Uma personalidade distinta, que foi italiana na derradeira passagem pela Terra, se apresenta. O seu nome é Giovanna e quer dizer algumas palavras, especificamente para um dos encarnados!".

Naquela hora, um arrepio de terror correu pela minha espinha! Giovanna era o nome de minha avó, a quem eu muito amava! Ninguém dali sabia disso, nem mesmo madame Bouvert! Eles só sabiam meu nome, porque eu o havia dito. Fiquei congelado. A cabeça da menina pendeu de novo, como se ela estivesse dando espaço para um novo Espírito! Foi então que quase desmaiei, pois a jovem começou a falar na nossa língua, com a familiaridade de quem me conhecia:

"Étore, filho meu, quão grande é a alegria de poder falar contigo, como o fazia quando tu eras criança... Eu sei que estás mal por esses tempos, com o tratamento que muitos te dispensam! Não te aflijas com os problemas! Nada é injusto ou sem lógica na natureza! Muito longe estão os homens de conhecerem a realidade! Por isso são incapazes de aceitar! Todavia, filho meu, pensa em Deus e caminha sem cessar! Bem curta é a vida humana! Não deves perder o teu tempo lamentando!".

Apesar de todas as evidências, não me dei por convencido. Afinal, Madame Bouvert poderia ter passado aquelas informações.

Tentava resgatar na memória se havia revelado, em alguma conversa, o nome de minha avó. Tinha quase certeza de que nunca mencionara nada. Teimoso como sempre, eu desafiei a suposta embusteira, falando em italiano:

"Dá-me uma prova de que tu és realmente minha avó!".

Pensei que a jovem recuaria, mas ouvi a seguinte resposta:

"Tu lembras quando pensavas em por fim à vida, afogando-se no lago? Tiveste a impressão de ouvir uma voz. E ouviste mesmo! Era a minha voz!".

Eu estava pasmo, Laura! Petrificado! E isso não foi tudo. A seguir, minha avó lançou um enigma que duraria até o nosso encontro. Ela disse:

"Étore, filho meu, os amigos espirituais aqui presentes pedem para que tu jamais esqueças de ajudar aqueles que um dia te feriram! Porque tu também feriste e causaste, ainda que indiretamente, a perda de outros...".

"Não compreendo; nunca prejudiquei ninguém a esse ponto! A quem te referes?", eu perguntei.

"Quando estiveres longe, muito longe, verás a realidade a que me refiro. Recorda-te então de que deves ajudar o teu próximo, sempre, onde quer que ele esteja!".

Eu fiquei sem entender. Minha avó foi embora, depois de ter semeado muitas dúvidas em minha mente. Fiquei chocado, mas julguei aquilo uma trama bem armada. Esse julgamento não era lógico, eu sabia. Nunca havia dito a ninguém sobre o episódio do lago! Nem para minha mãe! Confortei-me ao supor que poderia ter revelado o fato em alguma bebedeira ou coisa do gênero.

Depois dessa sessão, mais ou menos abandonei o assunto. A vida me chamava! Não podia ficar pensando na morte. Só em momentos de tristeza é que voltava a ler, para entender e ter uma certa tranqüilidade. Mas quando fui para Boston e te encontrei lá, naquele estado, entendi o recado!

Por isso eu te digo: se não há um Deus e se não há de fato uma vida após a morte; então o acaso é um deus!

Laura observou Étore judiciosamente. Curiosa, indagou:

— E o céu e o inferno? Não existem?

— Estão dentro de nós, Laura! Nós somos nossos anjos ou demônios! Fazemos nosso céu e o nosso inferno!

Laura balançou a cabeça e sorrindo, comentou:

— Que o padre Pietro não te ouça! Ele adorava falar sobre o inferno nas missas!

Étore riu. A conversa logo seguiu para o rumo nostálgico do passado comum. No dia seguinte, Étore emprestou para Laura o livro de Kardec. A jovem o leu atentamente durante a viagem, mas para ela foi difícil aceitar a verdade da lei, depois de tudo o que passara e do que aprendera na infância com seus mestres.

Todavia, consolou-se com a idéia de que não iria para o inferno por ter ajudado a matar Brian O'Neil. Pensou também que se Kardec estivesse correto, um dia, e em uma outra vida, ela e Brian se ajustariam. Naquela época, obviamente, Laura não poderia adivinhar o quanto estava certa.

Capítulo Décimo Primeiro

Retorno

Étore não se dirigiu imediatamente para a Lombardia. Ele sabia que Laura precisava de um tempo para se recuperar física e psicologicamente.

Os ares da França fizeram bem à jovem. Sua pele, antes amarelada, adquirira uma tonalidade mais normal. O vício do ópio quase a enlouquecera, mas ela resistira bravamente e com o apoio de Étore, se desintoxicara.

Saindo de Gênova, eles rumaram para Paris, que àquela altura estava sendo reorganizada pelo governo de Thiers,[28] após as destruições causadas pela guerra Franco-prussiana.[29]

Étore era um sobrevivente. Ele sentia o cheiro de problemas com a precisão de um profeta. E reconhecia, também, quando o ambiente estava saneado e lhe era favorável.

---

[28] Thiers, Louis Adolphe, político francês, assumiu o governo republicano, proclamado após a derrota de Napoleão.

[29] Guerra entre a França e a Prússia (1870-71) terminou com a derrota francesa, a queda de Napoleão III e a unificação da Alemanha sob a direção da Prússia.

Paris recuperava-se da derrota e da convulsão dos comuneiros.[30] Nessa cidade, Étore tinha muitas relações, a maior parte do antigo regime de Napoleão. Essa aristocracia decadente estava assustada com os perigosos rumos políticos. A guerra civil que sobreveio à derrota militar do imperador prejudicara a elite social. Muitos ricos tinham sido perseguidos e despojados pelos socialistas. Essas pessoas, ao verem Étore, sabiam que, como um rato, o italiano só ficaria no navio se estivesse se sentindo seguro. Portanto, concluíram que, vista do exterior, a situação da França parecia mais estável.

Um desses amigos hospedou Étore e seu grupo, nas cercanias de Versalhes. A estadia, que de início prometia ser breve, demorou quase dois meses. Um médico foi chamado para tratar de Laura. Ele diagnosticou a tísica, confirmando que pouco havia para se fazer.

Durante a viagem e o repouso na casa de Charles, Étore se afeiçoara a Glória. Isso fez nascer em Laura a esperança de que Balesteri cuidaria dela, caso o pior acontecesse.

No começo do verão de 1872, Laura se sentiu forte o suficiente para enfrentar a viagem para a Lombardia, mesmo porque não queria abusar da hospitalidade de Charles.

Esse lapso de tempo tinha sido uma benção para Étore, que conseguiu fazer excelentes negócios com famílias arruinadas. Todavia, com a lenta recuperação da França, escassearam as oportunidades, de maneira que Étore se dispôs a partir. O filho de Faustino recompensou Charles com obras interessantes e de alto valor. Entre abraços e promessas de retorno, o grupo rumou para as cercanias de Como.

Laura chegou enfraquecida, mas ainda disposta a ter uma conversa final com seu pai e com seus irmãos. Maurício hospedou-

[30] Os comuneiros eram os socialistas radicais da França. Recusaram-se a admitir a derrota militar diante da Prússia e proclamaram um governo republicano, que foi derrubado por Thiers, após um banho de sangue.

se com Laura e Glória em um pitoresco hotel nas montanhas. Enquanto isso, Balesteri seguia para a casa da mãe.

Depois de se inteirar das novidades da região com Nicole, Étore foi fazer uma visita decisiva. Ficara sabendo que Giácomo ainda vivia; que Giovanni era oficial do exército e que estava lotado em Roma. Antônio, por sua vez, casara-se, tivera três filhos e mantinha uma pequena clínica na qual atendia a todos, indistintamente. Étore optou por conversar primeiro com Antônio. Balesteri imaginou que não seria reconhecido, pois há anos não se viam. Na verdade, nunca tinham sido amigos, embora a diferença da idade entre eles fosse pouco significativa.

Quando a porta do consultório se abriu, Antônio se deparou com um homem de altura mediana, bem vestido e sorridente. Teve a impressão de já tê-lo visto antes, mas não soube precisar quem era aquele estranho. Percebeu de imediato que o rapaz era afeminado e isso o desagradou.

— Olá, o senhor não me reconhece? — disse Étore com desenvoltura, sentando-se.

Antônio havia fixado sua atenção no detalhe da sexualidade e algo constrangido, respondeu, após apertar-lhe a mão:

— Deveria?

— Deveria. Quase fomos cunhados!

Antônio tentou entender e ficou ruminando as informações. O filho de Faustino esclareceu:

— Étore, Étore Balesteri...

— Ah, sim! — disse o médico, lembrando-se. A seguir completou:

— Há muito tempo que não o vejo! Soube que o senhor estava morando na França!

— Um pouco lá, um pouco em outros lugares... Vivo viajando!

— Estimo que o senhor esteja de volta. Muitos partem, poucos voltam...

— É verdade...

Antônio balançou a cabeça e esperou. Percebia-se que não era uma visita profissional.

— E então... — prosseguiu Étore, tentando colher informações. — Como está o teu pai? Minha mãe disse que ele estava doente!

— É verdade, teve dois derrames...

— Lamento!

— Acreditamos que ele não vai durar muito... Dificilmente chegará até dezembro.

— Uma tragédia! Homens de bem não deveriam morrer!

— Sim! — respondeu Antônio, já impaciente. O irmão de Laura era um homem pragmático. Ainda mais em seu consultório, não se sentia à vontade para travar relações sociais.

Caiu um silêncio constrangedor. Antônio não perdeu tempo e indagou:

— Então... Como posso ajudar o senhor?

Étore riu.

— Não, não! Já disse para a sua secretária que não se trata de uma consulta! Felizmente estou muito bem de saúde! Outro assunto me traz até aqui!

— Outro assunto?

— Sim...

— Não vejo como podemos ter um assunto em comum!

Étore lançou um olhar significativo para Antônio. Ato contínuo, revelou:

— Mas temos! Laura!

Antônio ficou lívido e em um impulso levantou-se da cadeira.

— Laura? O que tem ela?

— Eu a encontrei, doutor! Na verdade, ela está comigo!

O médico meneou a cabeça, irritado.

— Não quero saber! Ela foi a responsável pela doença do meu pai!

Antônio mal acabara de pronunciar estas palavras quando Laurinda, acompanhada por Augustus, acercou-se dele, transmitindo-lhe pensamentos de reflexão e calma.

— Antônio! Ela é tua irmã! Deves ampará-la nesse transe! Não a julgues! Talvez tu possas dar uma última alegria a teu pai, antes dele retornar à Pátria maior! Perdoa!

Étore fitou o médico. Tranqüilo, disse pausadamente:

— Doutor Gualfrani! Laura está doente! Só quis voltar para ter a chance de morrer sem pesos na consciência! Ela se arrepende do que fez!

— O que ela tem?

— Tísica, em um estágio bastante avançado!

— Por que não a levas para um sanatório?

— Ela não quer! Além disso, ela tem uma filhinha de dez anos. Chama-se Glória!

— E Franco Pina?

— Morreu na guerra americana!

Antônio, absorvendo os fluidos calmantes de sua mãe, tornou a se sentar. Ainda sentia muita raiva de Laura, por todos os problemas que causara.

— Por favor, doutor! Ela lutou muito para chegar até aqui...

— Isso está fora de cogitação, senhor Balesteri! Uma emoção dessas poderia matar o meu pai!

— Ou poderia fazê-lo morrer em paz! Ele merece ter ao menos a escolha!

Antônio entrelaçou os dedos sobre a mesa. Percebeu que Balesteri tinha uma excelente retórica e que seus argumentos eram fortes. Todavia, não se renderia facilmente:

— O senhor sabe quantas vezes meu pai tocou no nome de Laura depois que ela foi embora? Nenhuma! Mesmo quando foi atacado pela paralisia, ele jamais mencionou o nome dela!

— Palavras ditas ou ocultas podem significar muitas coisas, doutor! Nós nunca poderemos saber o que viaja na alma de outro homem, realmente!

— Eu sei o que meu pai pensa!

— A proximidade da morte muda um homem, doutor! Todos os conceitos se renovam!

— Não os do meu pai!

— Até os do seu pai! Doutor, permita que ele decida! Se repelir Laura, terá sido a última cartada do orgulho! Mas ele tem o direito de saber que Laura está viva, que se arrepende e que é avô de uma linda menina!

Agora severamente castigado pela influência de sua mãe e de Augustus, Antônio vacilou. Contudo, sua mente era fechada demais para aceitar rapidamente uma mudança de atitude. Por isso respondeu:

— Vou ponderar sobre a questão! Amanhã o senhor pode voltar para saber o que eu decidi! A responsabilidade é excessiva para que eu aja sem uma reflexão madura!

Étore desculpou-se, agradeceu e saiu, deixando Antônio a cismar. À noite, agitado e sem conseguir dormir, o médico consultou a esposa, Michaela, e pediu-lhe a opinião. Sua mulher conhecia a estória e usando sua sensibilidade feminina, deu ganho de causa para Étore. Segundo Michaela, Laura deveria rever o pai.

Para Antônio, porém, a questão não era tão simples. Ele temia que Giácomo não suportasse uma revelação dessa amplitude. A aparição de Laura poderia ser um choque fatal para a saúde de um velho combalido.

Indeciso, o médico rezou e pediu, nas suas orações, uma orientação aos céus. Essa orientação veio na forma de Laurinda, que em sonho, aconselhou ao filho a proteger Laura. Pela manhã, contudo, Antônio nada lembrava da conversa que tivera com a mãe, exceto que sonhara com ela.

Convencido de que se tratava de um aviso, Antônio resolveu arriscar a saúde de seu pai. Ele jamais fora contra os desejos de Giácomo, mas desta feita iria desobedecê-lo por um justo motivo. O médico calculou que, no final das contas, o orgulho pouco cabia nesse transe. Afinal, o comendador em breve morreria, de um jeito ou de outro.

No dia seguinte, Antônio esperou por Étore. Ele tinha muito trabalho porque era dia de consulta aos necessitados, mas pediu que Franca, sua secretária, desmarcasse a agenda depois da chegada de Étore.

Balesteri não tardou. Antes das dez da manhã ele se apresentou. Antônio terminou um atendimento e pediu que Étore entrasse. Fechou a porta e indicou polidamente a cadeira ao marchand.

Étore esperou. Percebeu que Antônio hesitava.

— E então doutor? O que devo dizer à Laura?

O médico se remexeu. Parecia ponderar uma última vez. Então disse:

— Senhor Balesteri! Eu pensei muito a respeito! Não acho que Laura mereça perdão pelo que fez e pela traição que cometeu contra um pai que muito a amava...

— E que queria manipular a vida dela! — interrompeu Étore, imaginando que teria uma resposta negativa.

— É verdade! — tornou Antônio. — Eu concordo com o senhor! Isso pode parecer arbitrário hoje em dia, mas meu pai é um homem de conceitos antigos! De qualquer maneira, não é isso que está em pauta aqui, hoje!

— É sobre o destino de três pessoas que estamos discutindo! Tudo deve ser falado, para que não haja arestas desnecessárias! Os fatos, atuais e passados, devem ser analisados! De outra forma, não poderemos fazer um julgamento justo!

— O senhor pensa que não quero fazer um julgamento justo?

Balesteri balançou a cabeça, contrariado. Já concluíra que Antônio não aceitaria nenhum tipo de acordo.

— Parece-me que o senhor está assumindo a postura de juiz supremo!

— Não, o senhor está enganado! Para ser honesto, pouco me importa o que Laura quer! Mas penso que seria cruel negar ao meu pai uma última alegria!

Étore mudou rapidamente de expressão. Sorriu e indagou, confiante:

— Isso é um sim?

— É um sim condicional!

— Condicional?

— Eu tenho uma exigência, senhor Balesteri!

— Qual?

— A menina ficará conosco, se Laura desejar partir! Não posso permitir que minha sobrinha leve uma vida errante, como se fosse uma cigana! Se a desmiolada da minha irmã estragou a vida dela, não fará o mesmo com Glória!

Étore fez um gesto de concordância e sentenciou:

— Não há problemas quanto a isso! Mesmo porque Laura não está em condição de tomar qualquer iniciativa.

— Ótimo! Estamos de acordo!

E dito isso, os dois foram até a ante-sala, lotada de camponeses pobres. Antônio explicou que problemas de família exigiam a sua presença e que as consultas seriam remarcadas para o dia seguinte. Os pacientes entenderam. Antônio era amado pelos camponeses porque era visto como um homem generoso. A explicação de Antônio aliviou Franca pois a multidão se recusava a ir embora enquanto não ouvisse o cancelamento pela boca do próprio médico.

Étore deu uma carona a Antônio, dirigindo-se para a hospedaria. No trajeto, disse:

— Tu és muito caridoso doutor! Não o digo só pelo que fizeste em relação à tua irmã, mas também pela maneira como trata esses coitados!

— Esses coitados, como o senhor os chama, são nossos irmãos e necessitam muito mais do que oração. Não se pode pôr preço na vida humana! Deus exige que os médicos atendam os enfermos, sem se preocupar com o bolso de cada um...

— Infelizmente isso é raro!

— É verdade! Mas existem coisas que não combinam muito bem com dinheiro. A medicina é uma delas! Por sorte, não preciso me preocupar com isso! Tenho o suficiente para viver com folga!

— Talvez! Mas o senhor poderia aumentar os seus cabedais se fosse remunerado condignamente.

— O meu salário não se conta em dinheiro, senhor Balesteri!

Étore sorriu, entendendo que a humanidade do doutor era genuína. Sentiu-se envergonhado em informar os gastos que estava tendo com Laura e Glória. Maurício não podia ajudar sempre e o marchand evitava pedir dinheiro toda hora para o amigo.

A charrete estacionou diante do hotel simples. Étore desceu e ao conversar com o estalajadeiro, ficou sabendo que Laura estava deitada, por não se sentir muito bem.

Étore e Antônio subiram as escadas antigas e pararam à porta do quarto.

— Eu preciso avisá-lo, doutor, que Laura está muito debilitada. Sofreu deveras! Ficou viúva e as circunstâncias sob as quais eu a encontrei, na América, não foram as mais felizes!

— Eu imagino, senhor Balesteri, quais foram essas circunstâncias!

Étore olhou de soslaio para o médico. Fez um gesto para que esperasse e abriu a porta lentamente, pondo a cabeça para dentro do quarto, mas deixando o corpo do lado de fora. Glória estava em trajes de dormir e ajeitava carinhosamente o travesseiro da mãe, que ressonava.

— Oi Glória! — cumprimentou Étore, sussurrando.

— Oi tio Étore! — repetiu a menina, graciosamente e com o mesmo tom de voz.

Étore então entrou, deixando Antônio para trás, esperando. O marchand brincou com os cabelos loiríssimos de Glória, que recordavam bem a paternidade de Brian O'Neil.

— Como está tua mãe?

— Ela dormiu, agora! Mas tossiu muito essa noite e teve febre!

Étore mordeu os lábios. Sentou-se na borda da cama. Sacudiu Laura levemente, despertando-a com cuidadoso carinho.

— Acorda Laura! Acorda! Trouxe um médico para te ver!

A enferma abriu aqueles olhos celestes belíssimos e contemplou, na sua fraqueza, ao amigo. Ansiosa, indagou:

— Tiveste notícias de meu pai?

— Sim! Ele está vivo! Doente, mas vivo!

— Graças a Deus! Será que ele vai me receber?

— É melhor que teu irmão te dê essa resposta!

E diante do olhar assombrado de Laura, Étore chamou:

— Antônio!

O jovem médico entrou. Seus olhos pousaram suavemente na irmã. Reconheceu que ela também estava no fim de seus dias. Uma emoção incrível se assenhoreou de Antônio. Em um instante, relembrou a juventude, as brincadeiras, a alegria da infância, as peraltices. Todas essas recordações estavam agonizando, junto com sua irmã. Todo o passado se esvaía entre os lençóis rústicos daquele hotel. Uma lágrima apontou nos olhos do médico; ordinariamente um homem frio. Ele chorava não por Laura, mas por si mesmo, por constatar o quão frágil é a vida humana.

— Laura, Laura! O que fizeste, minha irmã?

Ela sorriu e erguendo-se com dificuldade, abraçou Antônio, com todas as forças que dispunha. Lágrimas corriam também de seus olhos.

— Não lamentes, Antônio! O desencanto foi o preço de minha estupidez!

Eles permaneceram algum tempo abraçados, chorando. Quando recuperou o equilíbrio, Laura afastou o irmão e disse:

— Fico contente em saber que o papa ainda está vivo! E tu? Estás bravo comigo?

Antônio segurou as mãos da irmã.

— Laura! Não vou te julgar! Passei quase quinze anos te condenando! Caberá a Deus avaliar teus atos! Espero que o papa também te perdoe, como eu o faço agora! É de se lamentar apenas que estejas tão fraca!

— Jamais me senti tão forte e tão segura, Antônio! — retrucou Laura, altivamente. E vendo que a filha observava a cena, curiosa, ela os apresentou:

— Glória, este é teu tio verdadeiro, Antônio!

O médico, olhos marejados, abraçou a menina e disse:

— Linda a tua filha!

— Tu cuidarás dela na minha ausência? — pediu Laura. Glória desatou a chorar e saiu para o lado, esbravejando em inglês, reclamando que a mãe não podia morrer.

— Isso não vai acontecer! — ponderou Antônio. — Mas se Glória precisar, em algum momento, da minha assistência, não negarei apoio.

Laura viu quando o médico voltou a abraçar a sobrinha para acalmá-la.

— Não sou digna de tamanha misericórdia! Deus há de vos recompensar!

Ela incluía Étore no agradecimento. Ele, em silêncio e igualmente comovido, testemunhara toda a cena.

— Antônio, se alguma parte me couber no que toca a minha herança, peço que tu pagues esse meu inestimável amigo, pois ele tem dispensado muito dinheiro para cuidar de nós! E se sobrar algo, invista na educação de Glória! Ela fala mal o italiano! Vai precisar de aulas!

Antônio concordou, satisfeito. A seguir, passou a dar atenção a saúde de Laura, que declinara bastante com a viagem e com a mudança de clima.

Étore e Glória se retiraram para que os irmãos conversassem a sós. Vendo que podia falar francamente, depois de inteirar-se sobre a vida de todos da família, Laura indagou:

— O papa irá receber-me?

Antônio fez um gesto que implicava dúvida e disse:

— Receber-te vai, porque nós não vamos falar nada antes! Se ele vai te aceitar, Laura, isso eu não sei. Além do mais, ele está numa cadeira de rodas! Eu receio que uma emoção forte possa matá-lo! E ver-te assim tão doente, não o alegrará!

— Amanhã estarei melhor, Antônio! Eu prometo! Por favor, eu preciso conversar com ele!

O médico bufou.

— Está bem! Mas tu só irás se estiveres melhor! O senhor Gualfrani terá de suportar o choque! Vós precisais acertar os ponteiros! Isso não pode continuar desse jeito!

Laura olhou o irmão, agradecida. No íntimo ela sabia que arrancaria forças do inferno se fosse para alcançar a paz que há tanto tempo perdera...

Capítulo Décimo Segundo

Pai e Filha

Um homem permanecia vislumbrando o vazio, esperando a morte como futuro próximo. Ele sentia, no íntimo, que sua vida tinha terminado. Por algum motivo misterioso, o corpo ainda resistia, mas a alma já habitava um mundo de sonhos. Da Terra, Giácomo Gualfrani não queria mais nada. Apesar de sua forte fé em Deus, o comendador sentia-se desolado. Não por sua imobilidade física e pela dificuldade de falar. Isso ele compreendia e aceitava como um fator natural; uma expiação final para seus inumeráveis pecados. Mas sentia que tinha agido mal e causado a perdição de Laura. Isso era para ele uma tortura.

Em muitos momentos ele considerava que se não tivesse sido tão teimoso e intransigente, talvez Laura não se lançasse a tais extremos. O que mais lhe doía é que não podia voltar no tempo. E uma saudade incomensurável de sua filha o devorava por dentro. Evitava falar dela. Contudo, no recôndito de seu quarto, várias vezes chorara pela incerteza. Queria saber o que acontecera com ela. Não recebera nem uma única carta, nem uma única notícia. Amargurava-se ao pensar que ela talvez estivesse morta, embora algo em seu coração lhe dissesse que Laura vivia.

Desejava resistir o máximo, na esperança de ter alguma informação, mas sentia que seria muito difícil sobreviver por mais tempo. Percebia-se sem energias físicas, em pleno esgotamento dos fluídos vitais.

E se ele, miserável como era, pudesse pedir algo a Deus, pediria para ter uma única notícia de sua filha antes de seu corpo baixar ao túmulo. Queria acreditar que Deus o conservara lúcido até o fim para lhe dar uma última grande benção. Era certo que se expressava com dificuldade e já não tinha mais forças para se erguer da cadeira. Mas se arrastaria até o fim do mundo se fosse para ver ou para salvar sua filha.

Ele considerava então, que se Deus não lhe desse essa benção, ao menos poderia libertá-lo logo do cárcere do corpo. No fundo, sabia que perdera o controle das coisas. Só lhe restava ficar durante horas parado no jardim, olhando o nada, preso em meditações e orações funestas.

Giácomo rezava todos os dias em intenção à finada esposa. Desejava vê-la e pedir perdão por ter sido um depositário infiel dos seus tesouros. Nesses momentos, ele entrava em desespero, sem saber que Laurinda o apoiava, velando por sua paz e tranqüilidade. Rezava também por Césare, que a esta altura já tinha retornado alhures à carne. E sem querer, implorava para que os anjos cuidassem de sua filha desaparecida.

A vida de Gualfrani em seus últimos dois anos, foi assim, recheada de tristezas. Os netos o consolavam um pouco, mas não podiam substituir Laura em seu coração de pai zeloso.

Naquele dia em particular, Romana o havia deixado só no jardim para tomar um pouco de sol. Ele gostava de ficar ali, trocando silenciosas confidências com as flores.

Contudo, Giácomo Gualfrani ouviu, súbito, um alarido dentro de casa. Tentou prestar atenção, mas tudo logo voltou a normalidade de sempre. Seus olhos parados fixaram-se em uma roseira, cujos botões principiavam a abrir e logo ele quedou-se em outros cismares.

O ruído que Gualfrani ouvira, na verdade, tinha sido o reencontro de Romana com sua antiga aluna. Apesar do abatimento físico de Laura, a velha professora ficou extremamente emocionada com aquela aparição inesperada.

Étore, julgando cumprida sua missão, despediu-se de todos, alegando que voltaria para a casa da mãe. Laura, no entanto, deu lhe um último ósculo na face, em um gesto de carinho e gratidão. Étore reconheceu que a vida era mesmo irônica. Da última vez que estivera naquela casa, quase tinha sido enxotado por Laura. Ao se lembrar disso, ele apenas sorriu e abraçou a amiga. Desejou-lhe sorte e partiu.

Neste ínterim, Antônio foi procurar o pai. Encontrou-o diante da roseira, meditativo como sempre. Após os derrames, Gualfrani pouco ou nada falava. Tinha vergonha de sua debilidade física. Por gestos, fazia sim ou não e o seu vocabulário se restringia a uma ou duas palavras curtas.

O médico agachou-se diante da cadeira de rodas e ciciou:

— Pai, hoje é um grande dia! Trouxe para o senhor um presente!

Giácomo permaneceu com o olhar indagativo, sem entender que espécie de presente poderia existir para um valetudinário. Antônio já tinha preparado um cuidadoso plano para afetar o pai o menos possível. Virando-se para a casa, Antônio chamou:

— Glória!

A menina saiu pela porta de vidro e postou-se diante do enfermo. Ela já tinha sido instruída pelo tio e agiu conforme o combinado. Pegou a mão morta do avô, beijando-a, em sinal de respeito.

Gualfrani percebeu que a menina tinha certos traços de Laura, mas não conseguiu, de imediato, chegar a uma certeza.

Antônio olhou para o pai e dando uma entonação bastante tranqüila na voz, disse:

— Pai, esta é Glória! É a filha de Laura! É tua neta!

Os olhos vivazes de Gualfrani se dilataram ao extremo. Ele mal olhou para a menina. Agitado, girou a cabeça e divisou a casa, como se buscasse ali a filha perdida. Glória, com sua graciosidade infantil, interrompeu os pensamentos do avô, apertando-lhe o torso com um suave abraço.

Giácomo estava confuso; queria ver Laura e, no entanto, lhe apresentavam uma neta. Onde estava sua filha? Estaria morta? Lágrimas saltavam de seus olhos turvos enquanto ouvia Glória dizer, no seu italiano deficiente:

— Vovô, como é bom conhecê-lo! Mamãe falava muito do senhor!

"Falava?" — pensou Gualfrani. Então Laura não estava mais viva. Ele meneou a cabeça repetidamente. Isso desconcertou Antônio. O médico pensou que seu pai rejeitara a neta. Rapidamente, certo de que só um outro choque poderia salvar a situação, ele fez um gesto com a mão, gritando:

— Vem!

Com passos ébrios, Laura caminhou até o pai. Vestira sua melhor roupa e arrumara-se da melhor maneira que pudera, para disfarçar a própria doença. Estacou diante de Gualfrani, cuja expressão adquiria agora, traços de delírio.

— Pai! — exclamou ela. Gualfrani mordeu os lábios e fez força para não chorar. Sem que pudesse se controlar, porém, de sua boca saiu um suspiro:

— Laura...

Antônio e Glória se afastaram discretamente. Romana os esperava na porta, posto que não queria perder aquele maravilhoso espetáculo de reconciliação.

Inesperadamente, porém, o antigo orgulho de Gualfrani vibrou em sua alma. Pensou em repudiar Laura e a filha ali mesmo, mandando-as de volta para o lugar de origem. Contudo, foi um sentimento efêmero. Ele logo raciocinou que a vaidade é primazia dos jovens e sãos, atributos que lhe faltavam completamente. Portanto, ele não tinha mais de se curvar para os conceitos sociais. O que lhe importava, agora, o julgamento alheio? Queria apenas morrer em paz e isso significava estreitar a filha em seus braços. Sem poder evitar, Giácomo desabou em um pranto ardente. Soluçava como uma criança, acreditando-se indigno de tamanho obséquio divino.

Vendo o pai chorar, Laura caiu de joelhos e arrependida, buscou-lhe a mão sadia. Numa reação instintiva, Giácomo quis puxar a mão, mas Laura insistiu, prendendo-a entre seus dedos finos. A cabeça do patriarca tombou para frente. De alguma maneira ele queria esconder seu pranto.

— Pai! — disse Laura, emocionada. — Perdoa-me pelo quanto te fiz sofrer. Reconheço hoje que o senhor estava certo! Sei que querias me proteger do mundo! Mas tola e jovem como era, fiz o que me ditava o traiçoeiro coração...

E Laura curvou-se, a testa descansando sobre os joelhos inúteis de Giácomo.

O velho comendador viu, em um segundo, as cenas de infância de Laura: suas correrias por aquele mesmo jardim, seu olhar doce e inocente, seus primeiros passos, seus afagos meigos e suas palavras doces. Tais cenas enterneceram o coração de Giácomo. Tudo aquilo ficara no passado. Era uma realidade que não existiria nunca mais. Todavia, ele considerou o quanto de felicidade imperceptível havia recebido de sua filhinha.

Seus olhos azuis como os de Laurinda a fitá-lo com sincero amor. Seus bracinhos pequeninos a amortecer-lhe a ira, suas palavras infantis quebrando-lhe a severidade, seu desespero agudo a reclamar-lhe as atenções de pai.

Era justo condenar Laura e bani-la inapelavelmente? Não, não era justo. E absolvê-la não era apenas um ato de magnanimidade. Tratava-se de algo maior; tratava-se de amor.

Ele ouviu Laura repetir:

— Pai, perdoa-me!

Puxando sua mão sadia, Gualfrani colocou-a sobre os cabelos opacos de Laura. Em uma atitude inesperada, ele os acariciou, como fazia quando ela era apenas uma criança. Com muito esforço, disse:

— Eu perdôo.

Laura, vivenciando o ápice de seus sentimentos, soluçava. Gualfrani queria falar muita coisa, mas sua limitação física tornava impossível uma conversa. Tinha inúmeras questões a fazer, mas só conseguiu articular uma:

— Foste feliz?

Laura negaceou com a cabeça. Revelava assim a grandeza dos erros que cometera.

— Como eu o poderia ser, meu pai, sem o teu amor?

Da boca torta de Gualfrani surgiu um leve sorriso, o primeiro em muitos anos. Ele estava em paz consigo mesmo...

Epílogo

Prós e Contras

Pelo calendário da Terra, muitos meses haviam se passado.

Em um amplo jardim gramado, bordejado por moitas floridas de variadas matizes, jazia uma jovem mulher, sentada em uma das cadeiras projetadas para a recuperação de pacientes. Com efeito, tratava-se de uma esfera hospitalar, próxima ainda às camadas mais densas da atmosfera terrestre.

O ambiente era de completa paz. Pássaros adejavam pelos ares, tranqüilos, e o sol ardia no firmamento sem abrasar. Um visitante desavisado poderia supor, com razão, que se tratava do mitológico céu hebraico.

Mas o lugar era na verdade, um pouso para a recuperação de almas recém-desencarnadas, normalmente aquelas que chegavam muito tristes ou revoltadas. Entre esses anjos caídos estava Laura. Não fazia muito tempo que abandonara o veículo carnal, mas mãos generosas a tinham socorrido, fiadas no sincero desejo da jovem em esquecer o passado, perdoar e evoluir, firmando-se no bem.

Poucas semanas depois do seu reencontro com o pai, Laura o viu morrer. Gualfrani partiu calmamente, como um longo pôr-do-sol. O velho comendador faleceu em paz e feliz, ciente de que deixara o futuro bem encaminhado para todos os seus e que dera o melhor de si em tudo o que podia.

Laura, ao contrário, debalde o seu exaurimento físico, lutou para viver, porque temia transformar Glória em um peso para os irmãos. Mas as drogas e a vida viciosa já tinham feito o seu serviço e cobravam, agora, o preço fatal: o aniquilamento de seu corpo e a falência de suas últimas energias.

Foi assim que debilitada, cega e desorientada, Laura chegou ao mundo espiritual. Resgatada por Ângelus, foi encaminhada ao centro de tratamento em que se encontrava no momento.

Em poucos dias recuperara a visão e ficara sabendo que Antônio adotara Glória como sua filha legítima. Acalmada por tais acontecimentos, Laura deixou-se ficar, entregue a certo desânimo, por avaliar o grau espetacular dos erros que cometera e o desperdício de tempo daquela encarnação.

Era nesses termos que ela se queixava diariamente junto a Ângelus. O mestre, preocupado, procurava infundir alentos renovadores em sua tutelada.

— Então? Estás melhor? — ele indagou, ao se aproximar. Laura fechou um livro, colocando-o sobre a mesa. Respondeu:

— Um pouco apenas! Ainda estou constrangida por verificar o meu fracasso!

— É importante reconheceres que nem tudo foi inútil!

— Como não?

— Já verás! Eu pedi a Augustus que trouxesse alguém!

— Quem?

— Saberás daqui a pouco! Tu não lembras qual a causa principal do teu retorno à Terra?

— Claro que lembro! Minha mãe já disse. Era desenvolver o perdão e purificar o amor!

— Isso no sentido geral, Laura. E no específico? A quem deverias perdoar?

Laura ficou em silêncio. Não se recordava da entrevista na catedral de vidro, oitenta anos antes. Ao cabo de alguns segundos, ela concluiu:

— Não sei! Teria sido Brian O'Neil? Só pode ser ele, porque jamais odiei tanto a um ser humano!

Ângelus não respondeu. Só aí Laura percebeu que muitas pessoas poderiam se encaixar nesse perfil de perdão: Franco Pina, Brian, Parker, Étore e talvez até seu pai.

Depois de reexaminar a questão, respondeu:

— Não, Ângelus, eu não tenho certeza! Não sei!

— Não te lembras de Pólux?

Laura balançou a cabeça, negativamente. O nome não lhe era estranho, mas ela não conseguia relacioná-lo a ninguém conhecido. Ângelus insistiu:

— Durante milênios, duas almas, Vênus e Pólux, lutaram para se exterminar! Tu não recordas?

— Sinto muito! — disse ela. — Não consigo me lembrar! Sei que devo ter cometido muitos erros, porque simplesmente bloqueei o passado.

— Pois então, minha amiga! Eu te digo que a tua vida não foi um fracasso completo! Após tantos séculos, o ódio foi apagado! Eu vou te apresentar Pólux!

E nesse instante, andando na grama macia, surgiram três pessoas. Duas delas Laura reconheceu de pronto. Eram Laurinda e Augustus. Mas a terceira figura, um rapaz moreno, beleza clássica do Mediterrâneo, Laura não identificou de modo algum. Vendo-lhe a expressão tumultuada, Augustus adiantou-se:

— Laura, esse é Pólux!

— Não me reconheces? — perguntou o recém-chegado.

— Não! — tornou ela, confusa.

Pólux ajoelhou-se diante de Laura e tomando-lhe as mãos, beijou-as, dizendo:

— Da última vez foste tu que pediste perdão deste jeito! Mas para equilibrar a balança é necessário que eu também o peça! Perdoa-me minha filha, pela cegueira e pela teimosia em sempre querer te impor a minha vontade!

Quando o homem ergueu a cabeça, Laura disse:

— Pai, meu pai!

E entregou-se a um grande amplexo, no que foi acompanhada por Laurinda.

Ângelus tomou Augustus pelo braço e saindo, comentou, discreto:

— Aprenda, Augustus, que um minuto de perdão sincero acaba com séculos de ódio. E mesmo uma vida que parece um enorme fracasso diante dos homens, pode se constituir em uma grande vitória aos olhos de Deus...

E Ângelus fitou o céu, certo de que eles tinham vencido e cumprido com os desígnios do Senhor, ou seja, tinham feito o amor triunfar novamente entre as criaturas do mundo...

Fim

Romances do Espírito Fénelon
Médium Dario Sandri Jr.

As Nódoas da Honra
14 x 21 cm | 448 Pág.

Personagens que vivenciaram os dramas da 1ª Guerra Mundial, mostrando que nas guerras não existem vencedores.

Atareve
14 x 21 cm | 384 Pág.

Conflitos entre a ética do poder e a responsabilidade da justiça num cenário de esperança contra a tirania.

Do outro lado da cruz
14 x 21 cm | 400 Pág.

A luta de um homem, com todas as suas dúvidas, descrenças e indagações quanto ao verdadeiro sentido da vida.

Aliança

Romances de Roberto de Carvalho pelo Espírito Basílio

Escola de Almas
14 x 21 cm | 192 Pág.

Os bastidores do atendimento no Centro Espírita Cabana das Flores, pelo médium Joaquim.

Na Trilha do Passado
14 x 21 cm | 256 Pág.

Dramática experiência de um Espírito numa reencarnação de resgate.

Sem o Véu das Ilusões
14 x 21 cm | 256 Pág.

O suicídio de uma adolescente é o tema principal deste romance.

Alianças de Junco
14 x 21 cm | 224 Pág.

Quando o amor verdadeiro de um casal é capaz de superar até inimigos desencarnados.

A Cabana das Flores
14 x 21 cm | 192 Pág.

A mediunidade a serviço da reconciliação de uma família que enfrenta sérios conflitos.

Aliança

Outros romances

Uma Questão de Tempo...
Marcial Jardim/Álvaro
14 x 21 cm | 192 Pág.

Relato das experiências vivida por um mesmo grupo de pessoas, em três épocas distintas.

Marcas da Vida
Cláudia Marum/Elias
14 x 21 cm | 288 Pág.

Desiludida com seu casamento, Marina encontra conforto numa Casa Espírita.

Não te canses de amar
Cláudia Marum/Elias
14 x 21 cm | 286 Pág.

Os erros e acertos de um casal em duas encarnações sucessivas.

Romance Andaluz
Edison Carneiro/Laura
14 x 21 cm | 352 Pág.

Os vinculos de uma família fortalecidos pelos sentimentos de amor e fidelidade.

Aliança

Trilogia sobre a História Espiritual da Humanidade

Os Exilados da Capela
A formação e evolução das raças no planeta Terra.

Na Cortina do Tempo
Sobreviventes salvos da Atlântida preservam seus conhecimentos destinados à posteridade.

Almas Afins
A trajetória de Espíritos afins desde a submersa Lemúria até os dias atuais.

Aliança

Variada linha editorial

Bezerra de Menezes, o médico dos pobres
A vida e a obra do dr. Bezerra de Menezes, numa de suas melhores biografias.

O Cristianismo Primitivo
Os acontecimentos históricos que levaram às distorções dos ensinamentos originais do Cristo.

Religiões Cristãs Suas Doutrinas
Conheça as diversas doutrinas das religiões cristãs e confirme a sua fé.

Um só Caminho
O caminho da cura para todos os nossos desequilíbrios.

Edgard Armond, meu pai
A história do homem que criou as escolas de Espiritismo no Brasil

Edgard Armond, um trabalhador da seara espírita
Correspondências pessoais tratando de questionamentos doutrinários.

Diferenças não Separam
Obra mediúnica, pelo Espírito Ranieri, com abordagem segura sobre assuntos diversos da vida.

Raio X do Livro Espírita
Referência de como escrever um livro espírita ou psicografado, de Eurípedes Kühl.

Entendendo o Espiritismo
Curso básico de Espiritismo, enfocando evolução histórica e doutrinária.

Iniciação Espírita
Curso regular das Escolas de Aprendizes do Evangelho.

O Redentor
Vida, obra e ensinamentos do Mestre da Galiléia.

EAE, Perguntas & Respostas
Seleção de textos sobre o processo iniciático com base nos ensinos de Jesus.

Aliança

Campanha de Preservação da Vida

EDITORA ALIANÇA

Tema: ABORTO

O Livro dos Espíritos, Allan Kardec - questão 358:

Pergunta: *O aborto provocado é um crime, qualquer que seja a sua concepção?*

Resposta dos Espíritos: *Há sempre crime quando se transgride a lei de Deus. A mãe ou qualquer pessoa cometerá sempre um crime ao tirar a vida de uma criança antes do seu nascimento, porque isso é impedir a alma de passar pelas provas de que o corpo devia ser instrumento.*